최후의 인간
Le dernier homme

Le dernier homme
by Maurice Blanchot

Copyright © Éditions Gallimard, Paris, 1957
Korean edition copyright © Greenbee Publishing Co., Seoul, 2022
All rights reserved.
This Korean edition published by arrangement with Éditions Gallimard through Shinwon Agency Co., Seoul.

최후의 인간 (모리스 블랑쇼 선집 12)

초판1쇄 펴냄 2022년 3월 21일

지은이 모리스 블랑쇼
옮긴이 서지형
펴낸이 유재건
펴낸곳 그린비
주소 서울시 마포구 와우산로 180, 4층
대표전화 02-702-2717 | **팩스** 02-703-0272
홈페이지 www.greenbee.co.kr
원고투고 및 문의 editor@greenbee.co.kr

주간 임유진 | **편집** 홍민기, 신효섭, 구세주, 송예진 | **디자인** 권희원, 이은솔
마케팅 유하나, 육소연 | **물류유통** 유재영, 한동훈 | **경영관리** 유수진

이 책의 한국어판 저작권은 신원에이전시를 통해 저작권자와 독점 계약한 (주)그린비출판사에 있습니다.
저작권법에 의해 한국 내에서 보호를 받는 저작물이므로 무단전재와 무단복제를 금합니다.
책값은 뒤표지에 있습니다. 잘못 만들어진 책은 구입처에서 바꿔 드립니다.
ISBN 978-89-7682-895-8 04100   978-89-7682-320-5(세트)

學問思辨行: 배우고 묻고 생각하고 판단하고 행동하고

독자의 학문사변행을 돕는 든든한 가이드 _ 그린비 출판그룹

그린비 철학, 예술, 고전, 인문교양 브랜드
엑스북스 책읽기, 글쓰기에 대한 거의 모든 것
곰세마리 책으로 통하는 세대공감, 가족이 함께 읽는 책

블랑쇼 선집
12

최후의 인간

Le dernier homme

모리스 블랑쇼 지음 서지형 옮김

그린비

『모리스 블랑쇼 선집』을 간행하며

모리스 블랑쇼는 철학자이자 작가로서 이 시대에 하나의 사상적 흐름을 형성했다. 그는 말라르메의 시학의 영향 아래에서 현대 철학과 문학의 흐름을 창조적·비판적으로 이어 가는 '바깥의 사유'를 전개시켰다는 점에서 전통에 위치한 사상적 매듭인 동시에, 다음 세대의 (푸코·들뢰즈·데리다로부터 낭시·라쿠-라바르트·아감벤에 이르기까지의) 뛰어난 철학자들에게 끊임없이 영감을 주어 온 사상적 원천이다. 이는 그의 사유를 한때의 유행이 아니라 지속적으로 참고해야 할 준거점으로 받아들여야 한다는 요구가 부당하지 않은 하나의 근거가 될 수 있을 것이다. 그러나 블랑쇼가 진정으로 중요한 이유는, 삶이 사상보다 중요하다는 단순하지만 명백한 사실에 비추어 볼 때, 다른 데에 있다.

그는 종종 '소크라테스 이전의 사상가'라고 불리어 왔다. 그 사실은 그의 사유가 아카데미의 학문적 역사와 배경을 넘어서서 자신의 삶의 체험을 바탕으로 여러 삶의 양상을 직접적으로 표현한다는 것을 의미한다. 우리는 그의 언어가 궁극적으로 우리의 학문적·지적 호기심이 아니라 우리 각자에게, 우리 각자의 삶에 호소하고 있다는 사실을 경험하게 될 것이다. 그의 언어는 우리가 반복하고 추종해야 할 종류의 것이 아니라, 몸으로 받아들여야 할 종류의 것, 익명의 몸과 마음으로 느껴야 할 비인칭의 언어 또는 공동의 언어다. 따라서 블랑쇼를 읽는다는 것은, 그가 생전에 원했던 대로 '모리스 블랑쇼'라는 개인의 이름(동시에 사회에서 받아들이고 칭송하는 이름, 나아가 역사적 이름)을 지워지게 하는 동시에 어떤 공동의 '우리'에 참여하는 것이며, 나아가 그 귀결점은 또 다른 공동의 언어로 열리고 그것을 생성하게 하는 데에 있다. 아마 거기에 모리스 블랑쇼를 읽는 가장 중요한 이유가 있으며, 결국 거기에 독자의 마지막 몫이 남아 있을 것이다.

『모리스 블랑쇼 선집』 간행위원회

Maurice Blanchot, *Le dernier homme*

C · O · N · T · E · N · T · S

『모리스 블랑쇼 선집』을 간행하며 • 4

1부 • 11

2부 • 93

옮긴이 해제: 타자, 오로지 타자가 말하는 책 • 128

모리스 블랑쇼 저작목록 • 141

| 일러두기 |

1 이 책은 Maurice Blanchot, *Le dernier homme*, Gallimard, 1957를 완역한 것이다.
2 단행본·정기간행물 등에는 겹낫표(『 』)를, 논문·단편 등에는 낫표(「 」)를 사용했다.
3 외국어 고유명사는 2002년 국립국어원에서 펴낸 외래어표기법을 따랐다.

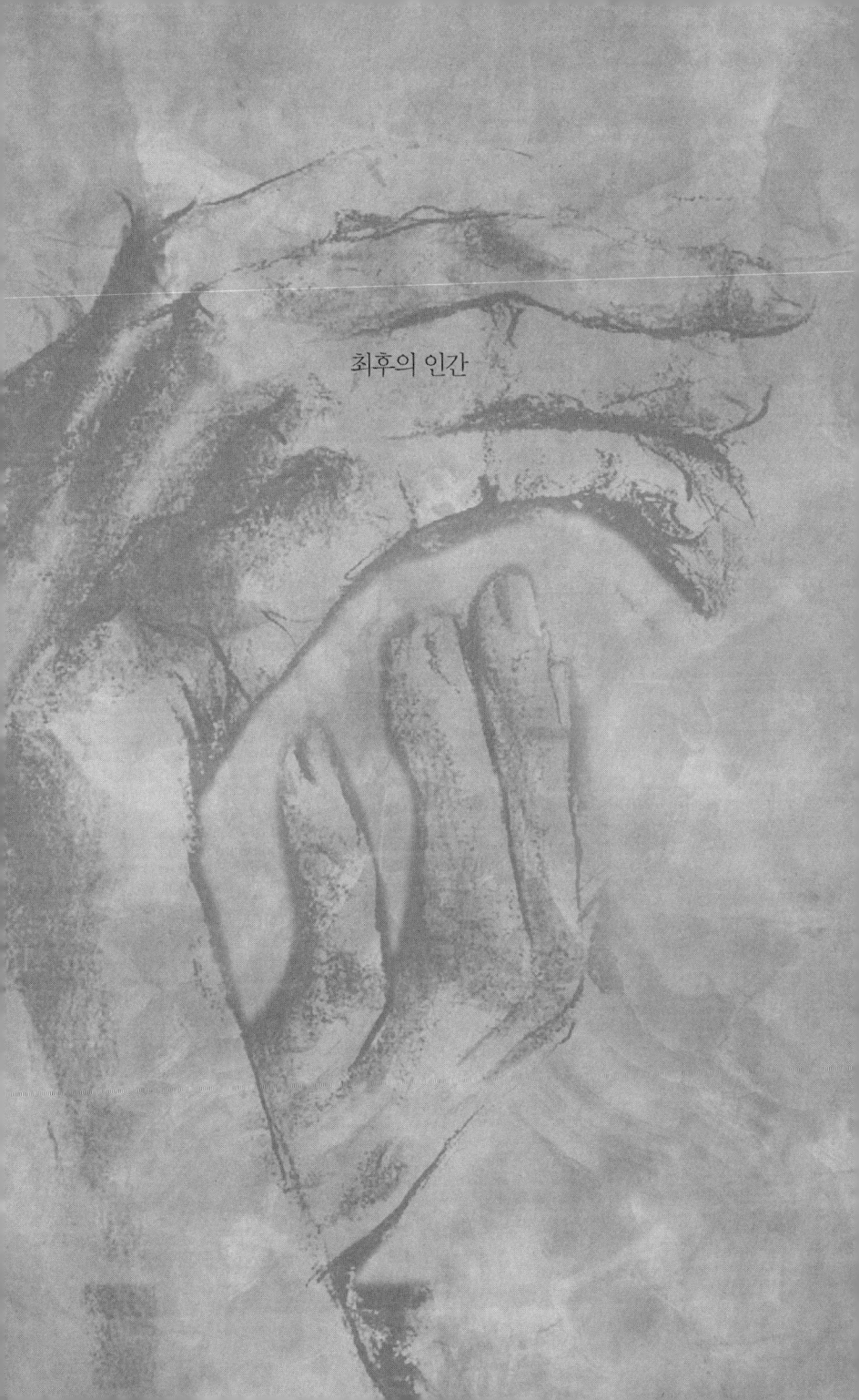
최후의 인간

1

 그 단어를 쓰자마자, 나는 어쩌면 내가 그에 대해 항상 생각했을지도 몰랐던 것을 표현하게 되었다. 그는 바로 최후의 인간이었음을. 사실, 그를 다른 사람과 구별할 만한 것은 아무것도 없었다. 그는 하찮은 사람이었다기보단 소극적인 사람에 가까웠고, 말이 없을 때는 오만해 보였다. 이제, 그가 슬그머니 버렸던 생각들을 그에게 돌려줄 시간이다. 그것은 놀라움과 비탄으로 가득 차서 우리에게 묻는 눈빛에 역력히 드러났다. 당신은 왜 그것만을 생각하나요? 당신은 왜 저를 도와줄 수 없는 거죠? 투명한 은빛의 눈은 맑았으며 어린아이의 눈을 떠올리게 했다. 게다가 그의 얼굴은 유년의 무엇인가가 있었을 뿐만 아니라, 많은 점에서 막연한 보호의 감정을 유발하는 표정을 짓고 있었다.

 확실히, 그는 말이 거의 없는 편이었다. 그래서 그의 침묵은 종종 주목받지 못했다. 나는 그것을 일종의 신중함, 가끔은 약간의 경멸,

때로는 우리의 바깥에 존재하는 자기 자신 안으로 향하는 너무 큰 후퇴라 생각했다. 요즘 들어서 그는 항상 존재하지 않는 사람이었거나, 아직 존재하지 않는 사람이었다고 생각한다. 그뿐 아니라 나는 좀 더 의외의 것을 상기해 냈는데, 그것은 그가 특별할 것 없는 단순함을 지녔다는 사실이다.

나는 그가 거슬렸다. 그는 다른 사람보다도 나를 더 거북스럽게 만들었다. 아마도 그가 모두의 상태를 바꾸어 놓았거나 아니면 단지 나의 상태만을 바꾸어 놓았기 때문인지도 모른다. 아마도 그는 모든 이 중 가장 쓸모가 없고 잉여적인 사람이었을 것이다.

어느 날 그가 나에게 이렇게 말하지 않았다면 어땠을까? "저는 저에 관해서 생각할 수 없어요. 거기엔 생각이 자꾸만 달아나는 어려움이나 넘나들 수 없는 장애물 같은 가혹한 무언가가 있지 않나요?" 바로 이어서 "그는 스스로에 대해 생각할 수 없대요. 다른 이들, 특정한 어떤 사람에 대해서도 마찬가지입니다. 그것은 마치 너무 멀리 날아가서 결코 목표물에 도달할 수 없는 화살과 같은 겁니다. 하지만 그 화살이 멈추고 떨어졌을 때 목표물은 멀리서부터 가볍게 떨면서 화살을 맞이하러 오는 법이죠." 그때, 그는 낮은 목소리로 빠르게 말했다. 무한대로 뻗어 가는 것처럼 보이는 수많은 문장을. 그 문장들은 막연한 소음과 우주의 웅얼거림, 지각할 수 없는 별들의 노래와 함께 흘러갔다. 그 말은 한없이 길어졌고, 놀랍게도 부드러움과 거리 두기로 조절되었다. 뭐라고 대꾸하지? 그러한 말을 듣고, 목표물이 되었다는 느낌을 안 받을 수 있는 사람이 누가 있을까?

그는 아무에게도 말하지 않았다. 그가 나에게 말하지 않았다는 말이 아니라, 내가 아닌 다른 사람, 더 풍요롭고 더 막연하고, 더 특별하지만 너무나 보편적인 사람이 그의 말을 들었다는 말이다. 마치 그를 대면하면서는 나였던 것이 놀랍게도 현존재이자, 공동의 정신이 결합된 힘인 "우리"의 형태로 일깨워지는 것처럼. 나는 '나 자신'보다 좀 더 많으면서 좀 더 모자란 존재였다. 어쨌든, 모든 사람보다는 좀 더 많은. 이러한 "우리" 가운데에는 대지와 원소들의 힘과 하늘이 아닌 어떤 하늘이 존재한다. 여기에는 고요하고 고양된 감정이 있으며, 또한 강요된 어두움에서 오는 쓰라림 역시 존재한다. 그 사람 앞에서 모든 것은 '나'가 되고, 그는 거의 무에 가깝게 존재하는 것 같다.

내가 그를 두려워하고, 그의 소멸을 꿈꾸는 데는 이유가 있다. 나는 그에게 사라지기를 권유하고 싶었다. 마음 같아선 그가 스스로를 의심하지 않는다고 고백하게 만들기를 원했다. 나는 틀림없이 나 자신을 사라지게 했노라라는 고백을 말이다. 나는 관심과 계산, 희망, 의심, 망각으로 그의 주위를 서성거리다 마침내는 연민에 이르게 되었다. 또한, 타자들의 호기심으로부터 그를 언제나 보호했다. 나는 그에게 관심이 없었다. 왜냐하면, 그는 이상하게도 연약하고 상처받기 쉬운 사람이었기 때문이었다. 그의 신원을 파악하려는 피상적인 시선은 그를 이해할 수 없는 위협에 노출시키는 것 같다. 깊은 시선, 즉 그가 존재하는 곳이 어디인지를 찾아낼 수 있는 시선은 그의 존재를 흐리게 하지 않는다. 아니, 덜 흐린다. 그가 있는 거기서, 그는 매우 가볍고 매우 무신경했으며 여러 곳에 분산된 상태로 존재했다. 거기서는, 과연 누가 그에게 다다를 수 있는 사람인지, 도달한 자가 누군지도 알 수 없었다.

마치 그래야만 하는 것처럼 존재하는 그를 알아본 순간들이 있었다. 내가 읽는 책의 말, 내가 쓰는 말은 그의 말을 대신하기 위해 갈라졌다. 그 순간에 그가 살해당한 게 아닌지 생각해 본다. 그리고 그가 나에게 다른 이들에게 주는 것과 같은 관심을 베풀지 않았나 생각했다. 나는 그의 방을 지나친다. 나는 그가 기침하는 ─ 그가 말했듯이, 마치 늑대처럼 ─ 소리를 듣는다. 사실 그것은 차가운 신음이었다. 특별하고도 금욕적인, 약간은 야만적인 소음. 그의 발자국 소리는 결코 착각하게 하는 법이 없었는데, 오히려 느릿하며, 소리 없고 규칙적이며, 그의 어마어마한 가벼움이 믿어지지 않을 정도로 힘찼다. 그 발자국 소리는 전혀 무게가 실리지 않아 그가 긴 복도를 따라 나갈 때조차 그가 계단을 오르고, 매우 낮고 먼 곳으로부터 오며, 아주 먼 곳에 있다고 상상에 맡겨야 할 정도였다. 정말이지, 그가 내 문 앞에서 멈추었을 때뿐만 아니라 그가 멈추지 않았을 때도 그의 발자국 소리를 듣지 못했다. 그것은 식별하기 어렵다. 그가 또 왔나? 그는 이미 가 버렸나? 귀는 알지 못한다. 다만 심장의 고동 소리만이 알려 줄 뿐이다.

그는 대부분 더듬거리며 말한다. 한 개의 말이 다른 한 개의 말 뒤에서 예상치 못한 기민성으로 누설된다. 그는 조금씩 머뭇거린다. 그는 거의 끊임없이 머뭇거린다. 오직 그의 머뭇거림만이 나 자신에 대해 조금은 명확한 사람이 되게 하고 그에게 귀 기울이고 그에게 대답하도록 한다. 그뿐만 아니라 여기엔 또 다른 것이 있다.

우리의 위치를 바꾸면 닫혔던 포문이 열릴 것이다.

그는 복종, 혹은 순종에 가까우리만큼 온순했고, 부인하는 법도 없고, 따지려 들지도 않고, 결코 우리를 비난하지도 않고, 해야 할 모든 것에 순진한 동의를 표할 자세를 갖추었다. 가장 어리석은 자는 그를 너무도 우둔한 사람으로 생각하던 날들이었다. 그 시절의 그는 가장 하찮은 일거리에 대해 수다를 떠는 데 온통 몰두하고 있었고, 그것이 다른 사람들은 알 수 없는 기쁨을 주었다. 다는 알 수 없는 것일까, 아니면 모두 함께여야만 알 수 있는 것일까? '네'라고 대답하는 것의 행복, 끝없이 긍정하는 것의 행복.

나는 처음에 그가 죽은 사람이었다고 생각했다가 조금 지나서는 죽어 가는 사람이라는 것을 알았다. 방문 앞을 지나면서, 사람들은 나에게 그에 대한 이런 인상을 부여해 주었다. "이 방이 바로 당신이 머물 방입니다." 그 후 어쩌다가, 과거의 그에 대해 마지못해 말해야 할 때면, 나는 한때, 죽어 가는 누군가가 썼던 이 방의 문을 다시 보곤 했다. 그러면 순간, 그가 산 자에게 자리를 맡기는 죽은 사람일 뿐이었던 그때로 다시 돌아간 것 같았다. 하필이면 왜 이러한 과거인가? 나는 왜 이렇게 그에게 가깝게 접근해 있는 것인가? 그를 대면할 힘이 생기면서 그것은 훨씬 구체적으로 다가왔다. 그리고 지금은 거울 속에서 보고 있지 않은가? 과거 속에 존재하는 것은 바로 나 아닐까? "나는 그를 본다"라는 느낌은 오히려 "나는 그를 보았지만 그는 나를 보지 못한다"와 같다. 이러한 사실은 우리의 관계에 증명될 수 없는 비탄의 회귀를 가져다준다. 그를 결코 혼자 두지 말 걸 그랬다. 나는 그의 고독함이 두려웠다. 밤마다 그가 자는지 그렇지 못한지에 대한 생각으로 가득 찼다. 졸음이 완전히 가시지 않고 그의 얼굴 표정 중 하나에 깃들어 있는 것 역시 끔찍한 일이다. 그것은 눈꺼풀 밑의 어두움을 생각할 때면 환기되는 것인데, 그러다 우리가 죽을 때 가서는, 탈색되고, 좀 더 희어진다. 그러니까 죽음이란, 어느 순간 환하게 보는 것이리라.

과연 그는 너보다 생각을 많이 했을지 의심스럽다. 나는 그저 그에게서 최악의 결백상태로 만드는 가벼운 정신을 보았을 뿐이다. 무책임한 만큼이나 몹시도 결백한 존재. 마치 광기의 조짐이 보이지 않는 광인처럼. 아니면 내면에 이러한 광기를 숨긴, 언제나 무결점 상태의 존재. 그것은, 바로 눈 안에 입은 화상의 흔적이다. 우리는 결핍 속으로 그것을 끌어당겨야 한다. 오로지 결핍을 잃어버린 감정만을 다시 불러일으켜야 한다. 그는 자신의 생각에 대해 말한다. 그 생각들은 가볍고, 금방이라도 위로 올라갈 것 같았기 때문에, 아무것도 그 생각들을 방해하지 않고 아무것도 그것들을 강행할 수 없다. "하지만 결국엔 씁쓸해지는 것 아닐까?"—"씁쓸한 것이라? 가볍게 씁쓸한 것들이겠지."

그는 나에게 영원과, 증명할 필요 없는 한 존재의 감정을 주었다. 나는 그의 존재 덕분에 다시 신을 가정하게 되었다. 보이지 않는 공통점을 지닌 이 둘을 더 잘 보기 위해서. 그는 나의 무지함을 더욱 풍요롭게 해주었다. 즉, 나에게 모르는 것을 부가해 주었다는 뜻이다. 우리가 대면한 그 순간부터, 나는 나 자신을 잃어버린 상태가 되었을 뿐만 아니라 더 많은 것을 잃어버렸다. 더 나아가 놀라운 것은, 바로 내가 싸우고 있다는 것이다. 잃어버린 것을 되찾기 위해 나는 싸울 수 있게 되었다. 어째서일까? 내가 있는 공간에서, 내가 끌려들어 간 공간에서, 모든 것이 또 다른 시작처럼 회복되는 점을 또다시 지나야 하는 까닭은 어디에 있는가? 그것으로 충분할 것이다…. 내가 싸우는 것을 확실히 멈추는 것으로 족하리라.

그가 강한 건, 그가 굳건해서가 아니다. 그는 오히려 우리의 기준을 빗나갈 정도로 연약한 사람이었다. 그렇다, 그의 연약함은 우리가 견딜 수 있는 한도를 넘어섰다. 그의 연약함은 정확하게 견디기 힘든 것이었다. 그는 극심한 공포를 고취시켰다. 절대권력을 지닌 누군가가 발산하는 것보다 더 많은 공포를 말이다. 그런데 그런 공포는 한 여성에게만큼은 꽤나 부드럽고, 다정하면서도 폭력적이었다. 그를 모욕하는 것은 내 소관이 아니었다. 모욕을 주고자 하는 생각은 되려 불안을 가져다주었다. 그것은 나에게 결코 돌아올 수 없는 돌을 던지는 행위이자, 또한, 나에게 다다르지 않을 돌이었다. 나는 누구를 상처 입혔는지도, 그 상처가 무엇이었는지도 알 수 없었다. 그것은 또한 사람마다 나누어질 수 없는 것이며 하나가 다른 하나 속에서 치유될 수도 없는 것이었다. 그 상처는 이 세상이 끝날 때까지 남을 외상일 것이다. 그리고 그 외상의 연약함은 특히나 무한한 것이었다. 내가 다가갈 용기를 가지지 못한 이유는 바로 그것 때문이다.

다가가는 것은 그것과 충돌하는 것이나 마찬가지였다. 그가 자주 해준 자신의 이야기는 거의 책에서 빌려온 사실이라는 게 너무나 명확해서, 일종의 고통에 의한 경고를 받아 그것을 듣지 않으려고 무던히도 노력을 기울였다. 바로 거기서 그의 말하려는 욕망이 가장 우스꽝스럽게 실패한다. 그는 우리가 잡다한 사실의 진실성이라 명명하는 것을 명확하게 떠올리지 못했다. 진리, 그렇게 해야만 하는 정당성만이 그를 놀라게 했다. 이 놀라움은 매번 눈꺼풀의 빠른 움직임으로 기록되었다가 사라져 갔다. "찰나의 순간, 그들은 무엇을 듣는가?" 나는 뒷걸음질 치는 그의 움직임 속에서 그러한 질문을 읽어 냈다. 나는 그의 연약함이 우리 각자의 삶 속에서 단단함을 견디게 했다고 생각한다. 각자의 삶이 자기 이야기를 할 때, 그는 또한 그것을 상상조차 할 수 없었다. 아니면 그에게는 현실로부터 온 것이 하나도 없는 것일까? 우연의 서사들로 그가 찾고자 했으며 규명하고자 했던 것은 공허뿐인가? 아무튼, 한 정확한 음이, 가면 뒤에서 자신이 어딨는지를 알리는 데 실패한 채 끝없이 도움을 요청하는 누군가를 일깨우는 비명처럼 여기저기서 뚫고 나왔다.

  어떤 사람들에게, 그는 이상하리만치 쉬운 사람이었다. 또 다른 이들에게는 겉으로 보기엔 주름 한 점 없는 최상의 순결로 둘러싸인 사람이었다. 그러나 그 내부는 매우 단단한 크리스털의 수천 개의 가시로 만들어져 조금이라도 접근할라치면, 그가 가진 순결의 길고도 섬세한 날카로움으로 찢겨 나갈 위험에 놓이게 된다. 그는 가볍게 뒤로 물러나 있었다. 매우 보잘것없고 매우 일상적인 말 외에는 거의 말을 하지 않았다. 그는 불편한 자세로 움직이지도 않고 거의 소파에 박혀 있다시피 했다. 그의 큰 손은 피로로 팔 끝에서 축 늘어뜨려져 있었다. 사람들은 그를 거의 쳐다보지 않았다. 사람들은 그를 좀 더 나중에 보려고 보류해 두는 것 같았다. 내 마음에 떠오르는 그의 모습은 이렇다. "의욕을 상실한 사람이었던가? 이미 오래전에 운이 저물어 버린 사람인가? 그는 무엇을 기다리는 거지? 무엇을 구하길 원하지? 그를 위해 우리는 무엇을 할 수 있지? 왜 저렇게 우리 각자의 말을 게걸스럽게 동경하는 거지? 당신은 완전히 버려졌나요? 당신은 당신 자신에 대해 말할 줄 몰라요? 당신의 결핍에 대해 생각하고 당신을 대신해서 우리가 죽기라도 해야 하나요?"

그게 무엇인지는 모르겠지만 하여간 그를 견디기 위한 견고한 무엇인가가 필요했다. 그를 유폐하는 모든 것이 더 고통스러웠기 때문이다. 그는 나를 불안하게 하고 동요하게 만들었다. 나로부터 나 자신을 박탈하여 더 막연한 한 존재를 그 자리에 들여보내는 이것이 바로 불안의 감정이다. 가끔은 "우리"이며, 때로는 가장 넓고도 가장 비결정적인 존재. 단 하나의 존재인 그 앞에서, 우리는 무수한 하나로 존재하는 것을 받아들였다. 그리고 그와는 상관없는, 보잘것없지만, 강하고, 필연적인 무수한 관계로 연결된 존재라는 것을. 시간이 좀 더 흐르자, 나는 그와 만난 처음의 순간을 후회하게 되었다. 나는 계속해서 그 사람의 눈을 통해 그를 바라보기가 거북했다. 왜냐하면 나는 그가 아니라 그에게 있는 나를 보고 싶었기 때문이다.

그는 내게 안락한 일상을 돌려주지 않았다. 그는 그만큼 중요한 사람이면서도 무의미한 지점에 있었다. 우리는 그가 무엇인가를 숨겨 놓았거나, 스스로 숨어 버렸다고 생각할 수도 있었다. 당신을 괴롭히는 것 뒤에 어떤 비밀이 숨겨져 있다고 생각하면 마음을 가라앉히기 수월해지는 것이나 마찬가지다. 하지만 이 비밀스러운 것은 우리 안에서 사그라든다. 틀림없이 우리는 그를 놀라게 했다. 하지만 궁금하다고 말하기엔 그는 자기 자신에 대한 걱정조차 결여하고 있었다. 이러한 궁금증은 우리가 그에게 저질러서는 안 되는 잘못 같은 것이었다. 그는 한없는 부드러움으로 감긴 눈의 신중함과 사려 깊음을 자아낸다. 그의 눈앞에서 얼마의 사람들이 사라졌는지와 같이 우리가 보지 못하고 미처 신경 쓰지 못했던 것을 요구한다. 마치 건너편 강기슭에 사는 주민 같은 우리를 주시하지 않고는 못 견디겠다는 듯이. 나중에서야, 그가 내 쪽으로 시선을 돌린 건 단지 이런 생각에 대해 좀 더 천천히 대화하기 위한 것임을 깨달았다. 생각이 너무도 강렬해지면 한계에 다다르지 않을 수 없다. 끝내고 싶은 욕구가 훨씬 더 강압적으로 그에게 말 건다고 나는 생각했다.

우리는 무엇이든 열정적으로 듣는 누군가 옆에서 살아갈 수 있을까? 그것은 당신을 사용하고 당신을 불태워 버린다. 우리는 조금은 무심해지기를 원한다. 우리는 그것을 망각이라 부른다. 망각, 정말이지 그는 거기에 존재하길 멈추지 않았다. 끊임없이, 쉬지 않고 그가 말해야만 했던 건 망각의 열망으로 가득 찬 근원 앞에서였다.

그는 우리에게 낯설지 않았지만, 우연한 실수로 생긴 근접성만큼도 가깝지 않았다. 그는 우리와 함께 일상적 관계의 수월함을 유지하기 위해 내가 상상하지 못했던 방식으로 싸운다. 그에 관한 생각에 도달하기까지 나는 얼마나 고통스러웠는가. 나 혼자로는 거기에 도달할 수 없었다. 나는 다른 이들을 내 속에서 요청해야만

했다. 그는 무엇보다도 우리를 동등하게 대하지 못할까 봐 두려워하고 있는 것 같았다. 우리에게 말하다가도, 무엇인가를 예감하고는 말더듬이처럼 입을 다물었다. 아마도 그는 우리에게 고통을 드러낼 수밖에 없다는 것을 아는 것 같았고 우리에게 그 고통을 가능한 한 가볍게 보이도록 애썼다. 그는 거기 있었다. 그걸로 충분했다. 그는 우리 중 하나처럼 거기 있었다. 그게 바로 접점의 경계가 되었다. 단, 이런 그의 경계가 노출되어 우리가 자각하기 전까지는 말이다. 가장 이상한 것은, 우리 모두는 그의 존재 하나면 충분하다고 느꼈다는 것이다. 그런데 단 한 사람만이 그를 붙잡지 않았다. 그가 위대해서가 아니라 도리어 그 반대로 그가 부정당하기를 원했기 때문이었다. 그에게 필요한 것은 정원 초과의 상태로 있는 것이었다. 초과 된 1인. 그저 초과된 한 명으로.

그럼에도 우리는 또 그에게 저항했다. 우리는 한결같이 저항했다. 그 일을 숙고해 본 덕분에, 우리 주변에, 그가 넘을 수 없는 원환이 존재한다고 믿게 되었다. 거기에는 그가 건드리지 못하는 우리 자신의 점들이, 그가 접근하지 못하는 명확성과 같은 것들이, 우리가 그에게 허용할 수 없는 생각들이 있다. 그를 우리가 존재하는 방식으로 살게 할 수는 없었다. 또한 그가 우리에 대해 알지 못하는 것을 알고자 해서도 안 된다. 하지만 당신을 사로잡도록 방심한 탓에 생긴 관심으로부터 도망치기는 어려운 일이다. 그리고 각각의 개인은 좀 더 중심에 가까운 무엇인가를 보존함으로써 그것을 그에게 설명할 수밖에 없는 것이다. 무엇이 필요해서 그것을 마치 위탁하듯이 그의 보호하에 두는 것인가? 나는 그로부터 무엇을 빼앗아 가기를 원했던가? 분명한 무엇인가를 그에게 불분명한 것으로 만들 필요가 있었던가? 나는 곧장 '그'라고 대답했었다. 오로지 그. 그러나 동시에 나는 전혀 다른 대답을 하는 것 같았다.

아마도 그는 우리 사이에 존재했었을 것이다. 우선, 우리 모두 사이에. 그는 우리를 갈라놓지 않았다. 그는 어떤 공백을 점유하고 있었다. 채우기를 바라지 않는. 그 공백은 바로 인정하고 사랑해야 할 것이었다. 생각이 막혔을 때는, 빠뜨린 생각을 찾아내기 마련이다. 그의 생각이 우리를 자주 호명할지라도, 우리는 그에게 그와 같은 폭력을 행사할 수 없었다. 그는 엄청난 결백과 무책임한 태도로 침묵했다. 그는 절대적으로 그리고 어디에서나 침묵했다. 그의 침묵은 구조를 요청하는 것도, 거북스러움을 자아내는 것도 아니다. 그저 조용히 시간을 죽이는 행위였다. 그는 우리 사이에 있었지만 은밀하게 편애했고, 우리가 예견할 수 없는 움직임을 보였다. 그 움직임은 그가 거기에 있었다는 것조차 잊을 정도로 단번에 그를 멀리 던져 버렸다. 그뿐만 아니라 그의 움직임은 우리를 우리 스스로에게 무심해지도록 만들었으며, 가장 가깝게 있는 사람들조차 우리를 떠나게 만들었다. 그것은 바로 사막에서 우리를 바꾸어 놓는 폭풍우였다. 고요한 폭풍우. 하지만 그 폭풍우가 지나고 나서 우리는 무엇이 되는 것일까? 그의 곁에서 어떻게 우리 스스로를 되찾을 수 있을까? 이렇게 고통스러운 시간 동안 부재하는 사람을 어떻게 사랑할 수 있을까?

우리를 동요하게 만들고 속이는 꿈을 꾼 건 바로 그 때문이라 믿는다. 그 꿈은 우리에게 생각을 계속할 수 없게 만드는 의심을 일깨운다. 부지불식간에 그가 우리의 고백과는 반대로, 우리에게 이러한 생각의 무엇인가를 전달하지 못하는 것이 아닌가 종종 자문하곤 했다. 나는 너무도 간단한 단어들만 들었다. 그의 침묵을 듣고, 그의 연약함에 대해 알게 된다. 나는 서서히 그가 원하는 곳이면 어디서나 존재하는 자가 되었다. 하지만 그는 이미 죽었고 궁금증은 지워졌다. 그것을 묻는 내가 누구인지를 잘 모르겠다. 그는 나에게 더욱 모르는 사람이 되어 갔고 위험하게도 나를 무지로 채웠다. 아마도 그가 우리에게 밝혀 준 것에 다가가도록 했을 그에 관한 정당한 감정을 느낄 순 없었을 것이다. 어떤 감정인가? 그는 자신에 대해 내게 어떤 감정을 이끌어 낼 수 있었던가? 알 수 없는 것을 느껴야 했고, 전혀 알지 못하는 움직임에 연루되어야 했다고 상상하는 건 가혹한 일이다. 최소한, 이것만은 사실인데, 나는 내가 지닌 새로운 감정에 대해 놀랄 만한 것을 결코 찾지 못했다. 그가 거기에 나타났을 때부터, 그가 지닌 단순성은 이질적인 다른 무엇에도 부합하지 못했을뿐더러 내가 표현할 수 있을 법한 다른 어떤 것과도 들어맞지 않았다. 그것은 마치 내가 주시할 수밖에 없던 비밀스러운 규정 같았다.

계속 나를 침투해 들어오는 건 바로 이런 생각이다. 그, 그러니까 최후의 인간은 결코 마지막 사람이 아니었다.

나는 그저 그가 서서히 내 쪽으로 돌아선 것을 느낄 뿐이었다. 그는 나에게 어떤 관심도 요구하지 않았다. 최소한 어떤 생각조차도. 가장 강한 건 이렇게 하찮은 것이다. 나는 그에게 한없는 방심을 빚지고 있었다. 기다림의 정반대인 것은 말할 것도 없고, 의심이라고까진 할 수 없는 믿음의 이면을 빚지고 있었다. 그것은 바로 무지와 부정이었다. 그것만으로는 충분치 않다. 이런 종류의 무지란 나 자신에 대해서도 무지해지며, 배제도 반감도 없는 알 수 없는 움직임을 통해 <u>스스로를 옆으로 밀쳐 놓아두는</u> 것이다. 그러니까 누가 그를 만나겠는가? 누가 그에게 말을 걸겠는가? 누가 그를 생각하지 않을 수 있을까? 그게 누구일지는 몰랐지만 내가 아니라는 사실만은 확실히 느끼고 있었다.

  신 자신만이 증인을 필요로 할 뿐이다. 어쩌면 신적 무관심은 여기 낮은 이곳에 현현할지도 모른다. 그것이 바로 신을 증명하는 길이라 나는 오래전에 깨우쳤다. 내가 그 증인이 되어야만 한다는 생각으로 미칠 것만 같았다. 바로 이 존재, 목적을 위하여 그 스스로를 배제할 뿐 아니라 호의가 없는 목적에서 물러나고, 닫힌 상태를 유지하고, 길가의 경계처럼 부동의 상태로 있는 이 존재를 위한 증인. 나는 경계석에 가까운 존재가 되기 위한 힘들고 고통스러운 오랜 시간을 보냈다. 하지만 천천히 —갑작스럽게— 이 이야기에는 증인이 없다는 생각이 들었다. 내가 거기 존재했다. —"나"라는 것은 이미 누구일 뿐이지 않는가? 누군가의 무한? —그와 그의 운명 사이에는 아무도 없다는 사실을 위해, 그의 얼굴은 헐벗고 그의 시선은 분할되지 않은 채로 머물고 있다는 사실을 위해서. 나는 거기 있었다. 그를 보기 위해서가 아니라, 그가 그 자신으로 보이지 않기 위해, 거울에 비친 것은 그가 보는 나이자, 그가 아닌 다른 사람 —타자, 낯선 자, 가까이 있지만 사라지고, 다른 가장자리의 그림자, 아무도 아닌— 이기 위해 거기 있었다. 그러니까 그는 마지막까지 머물러 있던 한 사람이었던 것이다. 그는 분열될 수는 없었다. 그것은 끝을 맺는 사람들에게 대단한 유혹이었다. 그들은 서로 쳐다보고 말을 건넨다. 그들은 스스로를 가지고 자기 자신으로 가득한 고독을 만들어 내는데 그 고독은 가장 공허하고 가장 거짓된 고독이었다. 하지만 현존하는 나라는 존재는 자아도 없이, 자아로 존재했던 적도 없이, 그리하여 최후의 존재가 되고 마는 사람들 가운데 단 한 명이다. 그 사실은 나를 그토록 큰 짐과 그토록 헐벗은 감정, 측정할 수 없는 불안으로 두렵게 할 것이다. 나는 무사태평함, 시간의 운동 그리고 그 사실을 알아채기를 거부함을 통해, 나 자신과 그에게 화답할 수밖에 없었다.

만일 지금 나의 추억 속에 있는 그가 마치 '그 자신'으로밖에는 볼 수 없었던 한 사람이라면 그의 중요성은 헤아려지지 않았을 것이다. 내가 그를 붙잡으려는 것, 우리 관계의 변조, 그를 지각할 수 없으면서도 그를 중요한 존재로만 회상하는 나의 연약함에 그녀는 불안감만을 표출했다. 그러므로 나는 내가 모두를 속이고 있다는 사실을 안다. 어떻게 그는 내 삶을 가장 작은 파편조각으로 만들 수 있었을까? 그는 아마도 내가 보고 있는 빛이 새어 나오는 창문이 있는 방에 있을지도 모른다. 그는 고독한 자이며, 이방인이자 심각한 병을 앓고 있는 사람이다. 오래전부터 그는 더 이상 자신의 침대 밖으로 나가지 않았다. 그는 꼼짝 않고 아무 말도 하지 않았다. 나는 이 사실을 누구에게도 말하지 않았다. 사람들이 이야기하는 것이 내가 상상한 것과 연결될지 확신할 수 없었기 때문이다. 그에 관한 대부분이 잊힌 것 같다. 이런 종류의 망각은 내가 복도를 지나칠 때 호흡하게 하는 원료다. 그가 우리와 식사를 하기 위해 왔을 때 허물어져 가는 그의 온화한 얼굴이 어째서 우리를 놀랬는지 추측해 본다. 그의 얼굴은 음울하지 않았다. 오히려 반대로 빛이 났는데 그것은 빛이 나는 비가시성과 같았다. 우리는 망각의 얼굴을 보았다. 그것은 잘 잊히고, 정말로 망각을 요청한다. 하지만 그 망각에는 우리 모두가 포함되어 있다.

나는 그의 숨겨진 선호에 대해 말했다. 그것은 불가사의한 요소였다. 우리 각자는 타인에게 보여지고 있는 걸 느낀다. 하지만 그것은 아무나에 의해서가 아니라, 항상 가장 가까운 사람에게서다. 그것은 마치 허공을 휘휘 둘러보다가 우리와 가까운 사람, 스쳤던 사람을 찾는 것이나 마찬가진데, 바로 그 사람은 정말로 우리에게 존재한다고 믿어지는 한 사람인 것이다. 어쩌면 그는 당신들 중 언제나 다른 한 사람을 선택했는지도 모른다. 어쩌면 그 선택을 통해 당신을 다른 누군가로 만들어 버렸는지도 모른다. 그 시선은 우리가 가장 주목받기를 원했던 시선이었지만 결코 당신들을 바라보지도 않았을지 모르는, 당신들 곁에 놓인 약간의 빈 공간을 바라보는 시선이었다. 이 비어 있음은 어느 날 나와 연결되어 있던 어떤 젊은 여인으로 변모했다. 그것은 의심할 여지 없이 아득한 곳의 힘으로 그녀 위에 멈추었던, 그녀를 선택하여 고정시킨 시선이었다고 생각한다. 하지만 모두는 그녀의 호감을 샀던 사람은 바로 나라고 믿도록 밀어붙였다. 나는 종종 우리는 매우 가까우면서도 오해 때문에 이어진 것이란 인상을 받았다.

내가 이곳에 오기 여러 해 전에 그녀는 이미 도착해 있었다. 그래서 나는 그녀의 눈에 새로운 사람으로 보였고, 결별의 혼란에서 막 문턱을 넘은 미지의 사람으로 보였다. 바로 그 점이 그녀를 미소 짓게 했을 뿐 아니라 그녀의 관심을 끌었다. 그가 도착했을 때, 이번엔 내가 오래된 사람이 되었다. 그녀는 그를 교수라 불렀다. 아마도 그는 가장 젊은 측에 속하는 우리보다 훨씬 더 나이가 들었을 것이다. 한번은, 그는 그녀에게 자신이 서른여덟이라고 말했다. 얼마 후에 나는 고지대에 속한 요양소에서 머물게 되었다. 내가 다시 여기로 돌아왔을 때, 사람들은 그가 거의 죽어 가고 있다고 말했다. 사람들은 그를 오랫동안 볼 수 없었다. 그녀는 거의 변한 게 없었다. 그녀는 나의 기억에서보다 훨씬 더 젊어 보였고, 더 멀어졌을지라도, 더 가깝게 느껴졌다. 그녀는 이곳에 마치 유폐된 사람처럼 지내고 있었다. 다른 사람들이 전혀 다른 삶에 대한 아쉬움과 희망, 그리고 절망을 향해 머물러 있는 반면, 그녀는 그와의 관계 속에서 유동적이고도 비밀스러운 진실을 추출해 내도록 하는 지적인 관계를 맺고 있었다. 나는 여기에도, 저기에도 속해 있지 않았다. 그러나 나는 돌아와서 그녀를 다시 한번 만났다는 사실에 경탄했다. 하지만 그것은 마치 우연에 의한 것처럼, 나의 부재 속에 오래 지속되다, 부지불식간에 변덕스러운 가벼움을 수반한 행복 같은 것이었다. 변덕? 변덕이기보다는 자유로운 것이자 우연 외에는 그 무엇이라 할 수 없는 우연한 만남이었다. 공통점이 하나도 없는 두 존재에 대해 사람들은 이렇게 말하곤 했다. 그들 사이엔 아무것도 없다고. 그렇다. 그뿐만 아니라 우리 사이에는 아무것도 존재했던 적이 없었다. 어떤 인물들도. 우리 자체조차도.

그러고는 겨울이 왔다. 눈은 어떤 사람들에게는 2차 질환 같은 것을 가져다주었다. 하지만 어떤 사람들은 병중에도 불구하고 눈 때문에 일종의 안정을 찾고 기분전환을 하게 되었다. 그가 회복되었다는 뜻은 아니다. 처음 여기에 도착했을 때보다 그는 더 허약해진 것 같았다. 그는 다소 주춤거리며 걸었다. 매우 이상한 그의 걸음걸이는 우리 눈높이에서 볼 때 거의 멈추어 있는 것 같은 인상을 주었다. 하지만 그는 매우 낮은 곳에서부터 서서히, 언제나 부드러운 고집으로 올라오고 있었다. 그러니까 그것은 전혀 추락을 앞둔 인간의 걸음걸이가 아니었다. 그 모습은 바로 또 다른 불확실성이 되었는데, 불확실성이란 우리가 우리 자신에 대해 불명확해지는 데서 오는 것으로, 때로는 고통스럽고 때로는 가볍고, 조금은 몽롱해지는 것과 같다. 또 나는 그의 목소리가 얼마나 바뀌었는지 살폈다. 그의 목소리가 단지 좀 더 약해졌을 뿐이라고 생각했었다. 목소리가 말하는 내용은 내가 장악할 수 없는 어려움 때문에 불안을 유발했다. 그는 매우 예의 바른 사람이었다. 그는 모든 것에 그리고 모두에게 더할 나위 없이 주의를 기울였다. 그가 다가올 때 사람들은 자연스럽게 어떤 공간으로 끌려들어 가는데 그 공간에서는 당신에게 중요한 것이 수용되고, 보호되며, 당신이 옳다는 방식이 아니라 침묵 속에서 어떤 정의를 희망하게 하는 방식으로 평가받는다. 하지만 그는 쉽지도 너그럽지도, 착하지도 않았다. 그는 사람이 맞닥뜨릴 수 있는 가장 어려운 사람으로 기억된다. 그럼에도 불구하고 사람들은 그에게서 적의를 발견했다. 그것은 가장 씁쓸한 일이었다. 어떻게 적에게 그러한 연약한 마음을 가질 수 있을까? 그것은 또한 헐벗은 무력함과 싸우는 일일까? 그런 모습이 무한한 불안을 안겨다 주었다.

    그는 누군가에게 사과를 하면서 슬프게도 다음과 같이 말한다. "네, 저는 제가 엄청난 주의를 끌고 있다는 사실을 알고 있습니다." 그는 때때로 가깝지 않으면서도 매우 가깝게 느껴진다. 장벽들은 무너졌다. 때로, 언제나처럼 가까이 있으나, 맺어진 관계 없이, 가로막던 벽들이 무너졌다. 우리를 갈라놓고, 감옥의 언어인 신호들을 변환하는 데 봉사하던 벽들이 말이다. 그러므로 우리는 새롭게 벽을 세워서, 그에게는 약간의 무관심, 즉 각자의 삶이 균형을 이루는 바로 이 고요한 거리를 요구해야 한다. 나는 그녀가 교수라 불리는 그를 그 자신으로부터 떨어뜨려 놓는 힘을 가졌다고 믿는다. 그녀는 그 둘 모두를 보호하는 단순성을 가지고 있었다. 그가 끔찍하게 변한다 해도 자연스럽게 받아들였고 그로 인해 놀라지 않았다. 그녀가 거기서 무언가를 넌지시 알려야 했었다면, 그걸 친숙한 언어가 되게 할 필요가 있었기 때문이다. 나는 그녀가 매우 가볍게, 중요한 것은 하나도 말하지 않으면서 자신에 대해 말하는 방식에 놀랐다. 그녀는 거기서 더 나아가지 않았다. 앙다문 입에서 한숨처럼 고요한 폭력이 지나간 건, '나'라는 단어가 치아들 사이에서 진동했을 때였을 것이다. 그것은 마치 본능이 그녀에게 경고해 주는 것 같았다. 그녀가 '나'라고, 단지 '나'라고 말하게 될 것이라고. 그는 이 덧없는 단어에 온통 정신을 빼앗겼다. 그녀 자신조차 그 단어에 권리가 거의 없었기 때문에, 그녀가 발음한 이 단어는 다른 누군가를 가리키게 되었다. 어쩌면 '나'라는 모든 단어는 그에게 하나의 기호로 작용했는지 모른다. 어쩌면 단 하나의 단어로 각자는 그에게 중요한 무엇인가를 말할 권리를 얻었는지도 모른다. 하지만 그것은 그에게 '나'라는 단어를 좀 더 가깝게 만들어 주었고 좀 더 내밀하게 만들어 주었다. 그녀는 그에게 '나'가 되었는데, 그것은 포기된 나, 열린 나, 아무도 기억하지 않는 나였다.

이 '나'라는 기호는 끔찍하다. ──내가 말한 바로 그것── 끔찍하게도 부드럽고도 연약한 것, 끔찍하게도 헐벗고 단정하지 못하다. 전적으로 가장된 낯선 떨림이며 전적으로 순수한 자아의 상태다. 하지만 자아의 순수성이란, 모든 것의 종말로 향하는 것이며 '나'를 완전한 어두움 속에서 밝혀 냄과 동시에 어두움 속에 내맡기는 것을 의미한다. 아마도 이 최후의 나는 죽음을 놀라게 할 것이며, 그 죽음은 또한 이 순수성에게 마치 금지된 비밀처럼 표류와 언제나 생생하게 살아 있는 발자취와 모래 위에 열린 입으로 끌어들일 것이다.

나는 그가 우리를 갈라놓으려 했다고 말하지 않을 것이다. 오히려 반대로, 그로 인해, 우리는 갈라졌지만 위태롭게도 바깥을 향해 가는 방식을 통해 이어졌다. 그는 작은 테이블에서 식사했다. 조금 떨어진 채. 왜냐하면 그는 거의 물 같은 음식을 매우 천천히 극도의 인내심을 가지고 빨아들였기 때문이다. 그는 모든 것을 견뎠다. 거기에 도달하기 위해 노력을 요구하는 것을 보이지 않게 만들었다. 아마도 그는 거의 노력할 필요가 없었을지도 모른다. 그는 어쩌면 쇠퇴에 충실함으로써, 너무나 공평해서 감내할 필요도 없는 평등함을 그토록 완벽하게 견디고 있었는지도 모른다. 다만 내가 원하지 않는 공허가 나에게 어떤 생각을 만들어 내는 것만 빼고 말이다. 그것이 바로 그가 우리로 하여금 그의 삶을 어떤 사건도 없는 단조로운 삶이라 생각하게 한 이유다. 단 한 가지, 그가 있는 여기로 그를 밀어 넣은 비천하고도 기념비적인 어떤 사건, 아니 거창하지도 특별하지도 않은 하나를 제외하고 말이다. 어쩌면 그것은 우리 눈에 무의미하게 보일지도 모르지만 그에게는 다른 모든 사건이 증발될 정도의 압력을 실행했는지도 모른다. 그가 좀 더 느리게 먹게 되었을 때 ─ 그것은 거의, 사물들의 끝자락에서 자신 대신 시간과 공기에 놓아두는 것에 가까운 행위였다 ─ 그녀는 그 옆에 앉았다. 그녀는 그 옆에 좀 떨어진 곳에 앉았는데 완전히 그 테이블 옆에 앉았다고는 할 수 없는 자리였다. 그녀는 자신이 그에게 다가가자마자 불명의 동요가 일어나는 것을 느꼈다고 말했다. 그런데 그것은 그 사람이 일으키는 동요가 아니었다. 그러한 동요를 일으키기엔 거의 힘이 없었기 때문에, 그는 언제나 조용히 자기 자신을 잘 제어하는 것 같았다. 하지만 그가 속한 공간 속에서만큼은 어떤 변화가, 고요한 전환이 일어났는데 그는 보는 방식, 그리고 그녀를 보는 방식을 재빨리 바꾸었다. 그는 그녀를 바라보는 방식을 은밀하게 조정했다. 그녀를 배려하기 위해서? 단지 그녀뿐만 아니라 모든 것을 위해서였는지도 모른다. 어쩌면 우연을 만들어 내기 위해서였는지도 모른다. "아마도 그는 너무나 다른 세계에 빠져 있다 온 건 아닐까요?" 하지만 그에게 정말로 세계라는 건 없었다. 왜냐하면 그녀는 그에게 그만의 세계를 주려고 노력했기 때문이다. 그리고 그녀는 그러한 결론을 뒷받침할 준비가 되어 있어야만 했다. 아마도 그녀가 그를 거북해하는 것은 이런 것일 테다. 그렇다, 그저 음식물이 기도로 들어가지 않도록 먹으려면, 그는 그녀의 완전한 주의가 필요했다. 하지만 그녀는 그곳에 멈추어 있지 않고 가볍게 그 거북스러움을 뛰어넘었다. 그녀는 그를 도와주기를 원하지 않았을 텐데도 그를 돕고 있었다. 그녀는 비교적 견고한 장소로 부드럽게 그를 데려가 고정된 지점에 연결했다. 그녀는 그가 밧줄을 얼마나 잡아당기는지를 느꼈다. 그러나 그녀는 능숙하게 잡아당겼고, 그에게 빠르고, 같은 어조로, 거의 쉼 없이 말했다. 마치 자신에게 고정된 것 같은 눈을 하고. 말 속에서 무언가가 변화를 일으킨 것은 바로 그때였다. 그녀의 말 표면에서 그가 내 쪽으로 고개를 돌리고 머문 환영적인 '나'의 호흡이 들어갔다 나왔다 했다.

그는 도대체 무엇인가? 도대체 어떤 힘이 그를 거기로 밀어 넣은 것인가? 그는 어느 쪽에 있는가? 그를 위해서 사람들은 무얼 할 수 있었던가? 가장 풍부한 직관, 가장 강한 생각들, 우리가 상상하지 못하는 지식들, 전혀 다른 예외적인 경험을 사람들이 그에게 의지하기를 원한다는 점이 특별했다. 하지만 그것은 그의 유약함이 자아내는 이질성을 건드리는 것에 불과했다. 그는 전적으로 불행에 빠진 한 인간의 연약함을 지니고 있었다. 그리고 그의 측정할 수 없는 연약함은 측정할 수 없는 이 생각의 힘에 대항하여 싸웠는데, 그것은 바로 이 위대한 생각이 여전히 불충분하다고 생각하는 것처럼 보였다. 그리고 그의 연약함은 그것을 강요했다. 너무나 강렬하게 사유된 것은 새로 사유된 것이자, 유약함의 차원에서 재고되었다. 이것이 무엇을 의미하는가? 그녀는 마치 내가 그였던 것처럼, 나에게 그에 대해 말한다. 그리고 동시에 내가 그녀를 그의 방향으로 향하게 만든다고, 또한 그는 그녀를 끌어들이고, 그 어떤 것보다 그를 가깝게 느낀다고 말한다. 그뿐만 아니라 그녀는 그가 자신을 두려워하지만, 조금 지나면 전혀 두려워하지 않았기 때문에 그에 대한 일종의 신뢰가, 우정이 있다고 말했다. 반면 나에게는 그러한 감정을 느끼지 않았다.

그것은 사실이다. 그녀가 없었다면, 나의 생각은 그에게까지 이르지 못했을지도 모른다. 사실 그녀는 나의 생각을 멈추게만 한 게 아니다. 내가 그를 떠올리지 않을 수 있도록 해주었다. 그녀의 요구로 그녀 안의 졸음같이, 그녀의 삶 속에서 휴식을 취하는 것을 생각했다. 그게 바로 내가 말했던 것이다. 특히 그녀에게 끌린 부분은 오로지 그녀의 얼굴, 바로 그녀가 나에게 보내는 시선이었다. 그녀가 우리를 매개자로 이용했다고 말한다면 그것은 옳지 못하다. 그녀는 나를 아무것에도 사용하지 않았으며, 설사 그런 목적이라 하더라도, 내가 그녀를 위해 이용당하는 것을 선뜻 용납하지 못했을 것이다. 하지만 그녀의 본성과 생생한 친밀감으로 그와의 관계 속에서 그녀는 나 스스로를 벗어던질 수 있도록 도왔다. 나의 생각들이 그를 향해 있어도 그녀의 테두리 안에서만이라는 것에 일종의 행복감을 느꼈다. '나'의 문제는 가혹한 게 무엇인지 알지 못한다는 것이다. 하지만 이것은 또한 행복이기도 하다. 적어도 이 육체와 민감한 입을 위해서는 그렇다. 내 입장에서 생각해 보면 그것은 어쩌면 사려 깊지 못한 위험한 움직임이었는지도 모른다. 무엇보다도 그녀 속에 존재하던 내 생각들의 유출, 그 생각들이 그녀에게 지웠을 무게, 더구나 거기에 내 생각들이 축적한 공백상태에 관해 신경 쓰지 못한 건 잘못이었다. 그래서 그 생각들은 힘과 대담성을 키워 갔다. 그것은 사실이다. 하지만 그녀 역시 나에게 숙고도, 계산도, 그녀 혹은 나에 관한 걱정도 없이 자신의 생각을 내게 주었다. 그녀는 내 안에서만 생각했고 내 옆에서만 생각했다고 말했다. 때로는 아무 말 없이, 그 침묵 속에서 당황할 정도의 무게를 느꼈지만, 나는 그 생각들을 손대지 않고 그대로 두었다.

그녀는 정말로, 내게는 없는 그에게 다가갈 힘과 같은 것을 지니고 있었다. 첫째, 그녀는 자신에게 일어난 일에 이름을 찾아냈다. 그녀에게나, 그에게나, 우리 모두에게 일어난 것에. 그러나 우선은 나에게 일어난 것에 대해 느꼈다. 그녀는 이렇게 말했다. "이상하네요. 저는 더 이상 당신에 대해 확신을 가질 수가 없어요." ─"저를 믿으셨다고요?" ─"네, 당신은 꼼짝 않고 한 점만 바라보셨죠. 저는 당신이 늘 그 점 앞에 있는 걸 발견했어요." 그녀는 이 이야기를 하면서 내 옆이 아니라 무엇인가가 적혀 있는 종이들이 놓인 테이블의 방향에 시선을 두었다. 좀 더 멀리엔 벽이 있었고 조금 더 나아가면 복도에 늘어선 방들이 있었는데, 그녀의 방도 마찬가지로 모든 방은 크기만 조금씩 다를 뿐 비슷했다. 그때의 나는 지금보다 더 부동적이지 않았을까? "아, 그럼요. 다른 사람에 비해 매우 움직임이 적었을걸요? 당신이 그 점에서 떠날 수 없었단 걸 생각하면 너무나 가혹해요. 그리고 당신이 그 점에 온 힘을 다해 희생했다는 것도요. 그런데 이 점은 고정된 것 같지 않아요." 나는 그 지점이란 것을 상기하려 애썼다. 나는 그녀에게 진심으로 말했어야 했다. 이 지점은 또한 그녀이기도 하다고. 그녀와 함께 있고 싶은 욕망은 이 지점을 통과했고, 그것이 나의 지평이 되었다. 빛나는 시선에 불을 붙이는 모종의 자긍심으로, 가끔씩은 거의 탐욕에 가깝게 그녀가 "저는 저 자신에게 더 이상 확신이 없어요" 같은 말을 덧붙였을 때, 나는 강하게 반박했다. "그래요? 저는 당신을 믿어요, 저는 당신밖에는 믿지 않아요." 그녀가 흥미롭게 들은 것은 바로 이 말이었다. 마치 내가 진심으로 그녀에 대해 말하는지를 탐색하려는 것처럼 나를 바라보았다. 나는 이렇게 덧붙이며 그것을 확인해 주었다. "당신이 착각을 일으키기를 원하진 않겠지요. 당신은 있는 그대로 보고 있는 겁니다." 그녀는 또다시 나에게 물었다. "당신은요?" 내가 대답했다. "저요? 저는 당신이 보고 있는 것만 봅니다. 전 전적으로 당신을 믿어요." 그녀는 난폭하게 다른 극점으로 넘어갔다. "당신은 그럼 아무것도 보지 못한단 말이에요? 당신은 저와 전혀 다르게 생각하잖아요. 당신은 사물을 바라보는 고유의 시각을 가지고 있죠. 저는 줄곧 생각하는 방식이 다르다고 느껴 왔다고요." 그것은 잘못이었을까? 그것 때문에 그녀는 나를 질책하고 있는 것인가? 그녀가 말했다. "아니, 아니에요. 저 역시 당신을 믿어요." 나는 그녀에게 무엇이 무례한 것처럼 여겨졌는지 물었다. "저는 당신이 결코 거짓말을 하지 않는다는 걸 알아요." 하지만 거기엔 얼마 가지 못해 우리를 난관에 처하게 만든 서툰 고백만이 있었다.

    나는 아무것도 기대하지 않았다. 그녀는 지금까지 계속해서 내 방에서 살고 있다. 바로 내내 옆에서. 아니, 나에 대한 생각 옆에서

라고나 할까? 때때로 그녀가 나를 감시하는 것 같았다. 나쁜 의도나 내가 그녀에게 숨겼을지도 모르는 것을 찾기 위한 것은 아니었다. 왜냐하면 그녀는 우회로를 찾는 데 능하지 않았기 때문이다. 오히려 그녀는 그녀의 본원성이나 내가 하는 생각에 신경을 썼다. 필요한 침묵을 스스로에게 부여하면서, 그 밖의 모든 것만큼이나 작아지면서, 이러한 생각들을 통해 빠져들고 싶은 열에 들뜬 은밀성을 기대하면서. 그것이 바로 이 겨울의 가장 나쁜 점이었다. 내 방은 그녀와 교수의 방 사이에 있었기 때문에 우리는 밤이면 다른 모든 사람 사이에서 그의 기침 소리, 어떤 때는 신음 같고, 압승을 거둔 자의 비명과 같은, 아픈 사람이 내는 것 같지 않은, 오히려 그의 곁을 지키고 가로질러 가는 유목민에게나 어울릴 헐떡거림을 상기하는 야만적인 소음을 듣는다. 그것은 그가 말했듯이 "마치 한 마리의 늑대처럼" 그렇다. 그것은 그녀를 나로부터 지키려는 끔찍한 소음이었는데, 하지만 그녀 역시도 그 소리를 들었고, 저항하지 못할 힘으로 그녀를 동요하게 만드는, 나에게서 나오고 나를 관통해서 그녀에게 도달하는 소리였다고 말했다. 그리고 침묵이 다가왔다. 모든 것이 망각된 행복한 고요의 순간이.

그가 말을 할 수 없게 된 것은 그쯤이었다. 그는 규칙적이진 않지만 이따금씩 아래층으로 내려왔다. 최소한 응접실 정도는 드나들었는데, 다른 사람들과 휴식을 취하는 것 정도는 문제없었기 때문이다. 그는 더 아프거나, 더 불안해 보이거나 하지는 않았다. 하지만 대부분 스스로 집중을 못하는 것 같았다. 나는 그가 이상해졌다고 말할 수 없었다. 그녀가 나에게 사용하는 언어는 바로 내가 거의 신뢰할 수 없는 단어였고, 그에게 적합한 단어였기 때문이다. 하지만 거기에는 다른 것이 있었다. 커져만 가는 고뇌의 감정, 더 많은 힘으로부터 소외되어 가는, 우리를 점점 더 거리 두게 만드는 우리의 접근에 대한 반감, 이와 같은 감정이 우리로 하여금 그를 바라보는 것을 방해할 뿐만 아니라 거북하게 만드는 것 같았다. 그의 인성 자체가 가면에 불과한 것이라는 사실은 새로울 것이 없었고 이미 내가 생각하던 바였다. 이 가면이 가볍게 옮겨 가기 시작했다는 사실은 그가 누구인지를 보이게 하는 것이자, 이 꿈에 신경 쓰지 못하게 만드는 것이었다. 하지만 이 육체, 이 삶의 뒤에서 극도의 연약함으로 보이는 것이 어떤 압력으로 우리를 가로막는 방파제를 무너뜨렸는지 느낄 수 있었다. 나는 때때로 그가 말하는 중에 재빠른 층위 변화가 일어나는 것을 알아챘다. 그가 말하는 것은 의미를 바꾸고 우리뿐만 아니라 그와 그가 아닌 타자, 다른 공간, 그가 가진 쇠약함의 은밀함, 벽을 향했다. 그 벽은 내가 한 젊은 여인에게 "그가 벽을 두들겼어요"라고 말할 때의 그 벽이었다. 그리고 가장 놀라운 것은 그에 대해 묘사하는 것 같았던 그가 하는 말들, 너무도 평범한 그 말들이 위협 그 자체였다는 것이다. 마치 그 말들은 그를 벽 앞에 벌거벗겨 세울 듯했는데, 그가 말할 준비를 함과 동시에 말한 것을 백지화해 버리는 지워짐에 의해 표출되었다. 그런 일은 언제나 일어나지는 않았지만 우리로 하여금 믿게 만드는 것인데, 그가 말하고, 듣고, 우리의 이야기를 완벽하게 경청할 때, 우리와 모든 사물, 마찬가지로 우리 이상의 것, 우리를 둘러싼 공허의 무한하고도 살아 움직이는 동요가 일어났다. 그것은 그가 계속해서 정당화하는 것이었다.

그는 그녀에게 말하는 것을 빼먹지 않았고, 그녀 역시 그에게 말 걸며, 그를 보자마자 그의 곁으로 가는 것을 잊지 않았다. 그들은 피아노 옆 후미진 곳에 조금 간격을 두고 붙어 있었다. 아무도 그들에게 큰 관심을 두지 않았다. 그녀는 얼마나 젊었던지, 그녀의 젊음은 너무도 생기 있고 아름다운 반면, 그리 나이가 많지 않은 그 남자는 이상하게도 무너져 내릴 것 같아서 이 부조화는 이목을 끌여지가 없었다. 사람들은 아마도 그녀가 근속연수 때문에 자발적으로 맡은 사무적인 역할을 한다고 생각했다. 그래서 그녀가 세상에서 가장 방치된 사람들 주위에서 그러한 삶의 태도를 견지하는 것이라 생각했다. 모두 우리가 연결되어 있다는 것을 알고 있었다. 그 관계는 그녀가 다른 이들과 맺는 관계들을 거의 보이지 않게 만들었다. 나는 그러한 관계들에 별 호기심이 나지 않았다. 내가 거기서 배제되었다는 생각이 들지도 않았고 오히려 반대로 그녀가 맺는 그러한 관계들이야말로 잔인하게도 비인간적인 것으로 느껴졌다. 그녀는 훨씬 더 앞으로 나아가야 했다. 그녀가 할 수 있는 한 최대의 자유를 누리며, 그녀가 나를 보고 있었다고 상상한 그 지점까지 나아가야 한다. 하지만 그녀에게 그 지점은 바로 한 남자였다. 다른 이들과 마찬가지로, 사람들 사이에서 방황한다 할지라도, 맹목에 가까운 확신과 그가 이미 무한의 과거 속으로 던져 버린 견고한 경계를 지닌 몸들은 그를 군중으로부터 뚝 떼어 놓았다. 그녀는 내게 이렇게 말했다. "저는 그의 곁에 있으면 매우 강해지는 걸 느껴요. 그건 아주 끔찍하죠. 제가 가진 이 힘 말이에요. 그건 아주 괴물 같죠. 그는 고통 속에 있을 수밖에 없는데, 저는 매우 건강해짐을 느껴요. 역겹죠. 그렇지 않나요?" 그것은 사실이었다. 거의 바닥을 보이는 그의 생명력과는 반대로 마치 우리는 불어난 삶을 부여받고, 우리 자신 스스로를 확장하고, 그러니까, 좀 더 강해지고, 좀 더 위험해지고 좀 더 차가워진 존재로 커져서 극한의 힘을 가진 꿈에 닿은 느낌이었다. 나는 또한, 엄청난 무력감이 인접함에 따라 우리 안에 존재하는 증폭된 힘으로 인한 위험도 겪었다. 실제로는 우리에게 그러한 힘이 없을지도 모르지만, 그 힘은 우리 너머에서 마치 악몽처럼, 지배의지처럼, 꿈속으로 찾아오는 최고권처럼 남아 있었고 그리하여 우리를 생의 절정에, 장래에 모두가 위독해질 때와 같은 그 순간에 다다르게 했다. 어찌 됐건 나는 그 둘 모두를 내버려 두었다. 그녀가 내밀한 곳으로 빠져드는 동안, 나는 오히려 즐기고 있었다. 고립 속에 이루어진 단 둘의 마주함이 그녀를 어떤 시련에 내몰았을지 일부러 망각한 채, 유희 뒤에 숨어 버렸다. 나의 존재를 스스로 숨겨 버렸다. 그녀가 속으로 나를 어떻게 비난했는지는 확실하지 않지만, 그녀는 이유 없이 나에게 갑작스럽게 이런 말을 했다. "저는 당신을 향한 지독한 분노의 움직임 속에서 죽게 될 것만 같아요." 아마도 그녀는 나에게 그녀에게 나 있는 상처를 보이려 작정했을 것이다. 그녀는 또 나에게 이렇게 말했다. "저는 사바나 같은 곳에서 말뚝에 묶여 있는 꿈을 꾸었어요. 제가 앉은 밑에 잔디가 얇게 깔렸고 제 쪽으로 기울어진 구덩이기 있었는데, 저는 작은 틈을 통해 아마도 넓은 곳을 보았던 것 같아요." 내가 말했다. "그건 덫이잖아요. 짐승을 잡기 위한 구덩이." ─ "그 구덩이를 더 주의 깊게 들여다보니 거기에 누군가가 있다는 느낌을 받았어요. 꼼짝 않은 채로. 아니, 그건 일종의 특이한 부동성 혹은 침묵 같은 것이었는데 바로 당신을 생각나게 하는 것이었어요." 내가 물었다. "당신이 그 덫에 걸렸다고요? 당신은 거기서 뭘 하고 있었나요?" ── "저는 만족스러우면서도 불안했어요. 낮은 목소리로 당신을 불렀는데, 왜냐하면 소음을 내면 분명 위험해질 것이기 때문이었죠. 그런데 당신은 제 목소리를 듣지 못했기 때문에 조금 더 높게, 조금 자주 불렀어요. 제 생각에는 매우 조용했지만 너무 크게 불렀던지 위협적인 무엇인가를 부른 게 틀림없었어요. 거기서 멀지 않은 곳, 바로 제 뒤에서, 무언가의 움직임을 감지했는데 제가 묶여 있었기 때문에 무슨 일이 일어나는지 뒤돌아볼 수 없는 무력감은 불안한 만큼 화를 돋웠어요. 어쨌든 미칠 듯한 불안감이 엄습했어요." 분노와 두려움. 하지만 내게 꿈 이야기를 할 때 그녀는 오히려 꿈을 꾸었다는 사실에 즐거워 보였다. 그녀는 지금까지 거의 꿈을 꾸어 본 적이 없었고 단지 장면도 이야기도 없어 텅 비어 있는 몇몇의 이미지가 전부였다. "어쩌면 전 지금 꿈꾸는 법을 배웠는지도 몰라요." 그렇게 해서 그녀는 비로소 무르익은 위험의 단계로 들어서게 되었다.

  나는 부인할 수 없다. 그녀가 그에게 보내는 관심이 나를 동요하게 하고 나를 흩뜨려 놓고, 들뜨게 하고, 결국에는 나를 상처 입힌다는 것을. 그녀는 내가 자신을 그에게 떠민다는 말을 했는데, 그게 사실일 수도 있지만 더 이상 사실이 될 수 없었다. 그라는 존재 자체가 나를 통하여 그녀의 관심을 끌고, 노골적으로 신호를 보냈기 때문이다. 그 신호는 나의 동의를 얻은 게 아니다. 내가 그녀와 만나 보낸 며칠이 지난 지 얼마 되지 않아 그녀가 내보인 냉혹한 감정에 충격을 받았었다. 어떤 이가 힘들게 죽어 갈 때, 그녀는 그 사람을 혐오와 함께 떠밀어 보냈다. 환자에게는 우정이 멈추는 비슷한 한계지점들이 있다. 그녀는 무엇인가가 안 좋은 쪽으로 흘러가기 시작할 때면 세상을 향한 문을 닫아 버린다고 말했다. "저에게도 그럴 건가요?"— "아, 당신이요, 우선 당신부터죠." 그러니까 그녀를 그에게 연결하는 감정은 동정심도 그를 돕고 싶은 욕망도, 그가 도움을 요청할 만한 거리에서 그에게 유용한 사람이 되고자 하는 욕망도 아니었다. 단순히 말하자면 그는 그 무엇도 요구하거나 주는 사람이 아니었기 때문이다. "그는 극단에 속해 있어요. 그는 끔찍하게도 비천해요. 당신은 그런 점이 역겹지 않나요?" 그녀가 대답했다. "네, 맞아요." 아마도 그 솔직함이 나를 더욱 멀리 뒷걸음질 치게 만들었을 것이다. 그것이 바로 그녀를 더욱 공포스럽게 만드는 것이다. 왜 그녀는 그를 바라보는 것을 멈추지 않을까? 왜 그토록 그를 돌보고 있는 것일까? "저는 그를 거의 보지 않는데요." 어쨌든 그녀는 다른 사람이 갖지 못하는 어떤 관계를 그와 맺고 있다는 사실을 잘 알고 있었다. 그는 그녀를 위해서만 아래층으로 내려오고, 또한 그녀에게만 말을 건다. 그녀는 그 사실을 아랑곳하지 않는 것일까? "저는 잘 모르겠어요. 당신이 그렇게 물어보실 때면 저는 대답을 못하겠어요." 나는 이렇게 말했다. "제발. 당신은 언제나 빛나고 언제나 그 자체로 빛을 발산할 수 있는 사람이에요. 당신 스스로를 속이려는 건 아니겠죠." 그녀가 내 앞에 서 있었다.

나 역시 일어선 채로 그녀를 마주했다. 고요한 분노를 닮은 어떤 냉기가 그녀 속에서 타고 올라왔다. 그 분노는 언젠가 내가 그녀를 무관심하게 바라보았을 때, 내가 이미 간파했던 움직임들의 분노였다. 그녀는 이내 그걸 알아챘었다. 그녀를 보려는 나의 욕망이 만들어 낸 대가는 최소한 그녀를 닫힌 존재로 만들어 버린 것이었다. 거기서 조금의 노획물도 건질 수 없었다. 그런데, 이번에는 은밀한 떨림으로 그녀가 빠르게 전달하는 이 말에서 떠올랐던 건 냉담한 사고였다. "저는 그분과 아무런 관계도 맺고 있지 않아요. 그는 단지 도처에서 저를 필요로 하는 사람일 뿐이에요." 내가 말했다. "그럼, 우리는 지금 이 난관에서 어떻게 벗어날 수 있을까요?"

하지만 그녀는 여전히, 그가 우정의 관계를 맺기를 바라는 사람은 나라는 것을 강조했다. 우정이란 단어는 그녀가 쓸 법한 단어가 아니다. 혹은 그에게 가볍게 말을 걸어 보는 것이 어떨지를 물으며 그 단어를 나에게 다시 되던졌다. "그는 당신 친구예요."—"그는 당신의 친구가 되고 싶어 해요. 그가 생각하는 건 바로 당신이라고요." 이런 유의 인상을 나누었을 짧은 시간이 지나갔다. 나는 틀림없이 내가 돌아오고 나서, 그가 나를 다시 봤을 때 그리고 그가 방에서 다시 나오기 시작한 후 내게 보여 준 극도의 공손한 태도를 나를 알아봄으로써 생긴 걱정 때문이겠거니 짐작하게 되었다. 회복 중인 것처럼 보였지만 명백하게 회복된 사람은 아니었기 때문에 모든 것이 그에게 희미한 것처럼 보이고, 사람들은 그림자처럼 보였으며, 그의 귓속으로 침전하는 말들이 소음처럼 들릴 수밖에 없었다. 우리가 무엇을 말할 수 있었을까? 나에게 그는 무엇이었는가? "교수". 그에 대해서는 그녀가 붙여 준 별명을 고수하고 있었다. 그 별명은 매우 낯설었고, 그의 말은 지식인의 현학적인 말과는 거리가 멀었다. 그럼에도 그 별명은 그에게 적합해 보였다. 그는 마치 지식을 가진 자를 지식인이라 하듯이 진부해졌다. 시간 때문에? 행복이란 시련 때문에? 미지의 고통 때문에? 처음에 나는 그가 자기 자신에 대한 기억조차 가지고 있지 않은 사람이라 의심했다. 대부분 아무런 생각이 없었기 때문에, 마치 그는 자신에 대한 모든 숙고로부터 회피하기 위해 조금 물러나 있는 데 성공한 것처럼 보였다. 우리가 그에게 우연히 흘린 희귀한 이미지를 줍기만 할 뿐이었는데, 조심스럽지만 결연한 움직임을 통해 우리 속에서 그 이미지들을 들어 올려 우리 자신에 관한 변하지 않은 진실로 만들어 버렸다. 하지만 우리와 그 사이에는 어떤 관계도 성립되지 못했다. 최소한 그와 나 사이에서조차도. 그가 특별히 주시하는 사람은 아무도 없다는 느낌이 들었다. 은전의 회백색만큼이나 맑고 창백한 그의 눈은 우리 속에 속한, 우리만을 구별하는 듯했다. 우리 자신과 가장 먼 것은 뒤늦게서야 내게 또렷한 이미지로 다가왔는데, 내가 예상한 바와는 전혀 다를 수도 있겠다는 생각이 들었다. 왜냐하면 그가 우리 중 단 한 사람만 보고 있었다고 여길 이유가 있었기 때문이다. 우리 모두를 단 한 사람처럼 보는 것이 아니라, 사실은 우리 가운데 단 하나의 존재에게 약간의 우정과, 직접적으로는 구조 요청, 고백 외에 다름 아닌, 지체 없이 모든 것에 종말을 고할 고백을 기대했다.

    친구. 나는 이러한 역할을 하기 위해 태어난 것이 아니다. 그는 나에게 전혀 알 수 없는 타자처럼 남았다고 생각한다. 그를 친구로 명명한 사람은 누구인가? 친구라는 이름하에 그와 나의 관계를 유지하는 사람은 누구인가? 나는 그를 믿지 않을 것이다. 그것은 잠시 동안 가지고 놀 유리창을 채색하는 하나의 숙고에 지나지 않는다. 이름은 우리를 갈라놓는다. 이름은 그가 있는 곳에 도달하기 위해 영원히 던져 놓은 돌과 같은 것인데, 그는 이미 시대와 시대를 거슬러 이미 다가섰다고 느낀 것 같았다. 거기에 친구의 제스처가 있었는가? 그것은 우정인가? 그는 내게 자신을 친구로 여겨 주고, 산 채로 잡아들이기 위한 덫처럼 유혹하는, 그를 향한 돌이 되어 달라고 부탁했던가? 그런데 나는 누구인가? 나와 함께, 내 옆에 있지만 다른 하늘 아래에 있는 것처럼 감시하는 이는 누구인가? 그것이 내가 그에 대해 아는 전부라면 나는 나 자신으로부터 모조리 버려지지 않을 수 있는 것일까?

그를 방황하게 하는 것은 무엇인가? 그는 내 곁에서 무엇을 찾고 있는가? 그를 끌어당기는 것은 무엇인가? 그녀는 나에게 무엇인가? 우리를 함께 묶어 주는 "우리", 그 공간은 우리로 하여금 아무것도 아니게 만드는 공간이지 않는가? 인간에게 너무도 강력한 그 무엇, 우리가 전혀 알 수 없는 너무도 거대한 행복인가? 어쩌면 그는 모든 행복한 사람 곁에서 숨 쉬도록 허락받은 자, 욕망과 뒤섞인 호흡이 아니었을까? 어쩌면 그는 관계를 파괴하고 시간을 뒤섞는 순간에 스쳐 지나간 사람이 아니었을까? 어쩌면 그는 우리 중 누군가 뒤에 있는 사람인지도 모른다. 종말이 다가왔을 때 보이는 자, 평화와 우리에게 온 완벽한 휴식의 순간을 먹어 치우고, 우리를 헐벗게 하는 사람인지도 모른다. 아니, 우리가 자발적으로 그에게 동조한 건 그가 너무도 고독했고 가장 불행하며, 동료들 중 가장 가난해서인가? 어쩌면 그는 '나 자신'뿐일지도 모른다. 오래전부터 나 아닌 나, 열리기를 원치 않았지만, 내가 밀었고, 나를 밀어 넣은 관계.

내가 돌아오고 나서 얼마 안 있다 그도 여기에 왔는데, 그를 이와 같이 판단한 건 불과 얼마 전이었다. 지금과 마찬가지로 무관심 속에서, 다른 사람들과 비슷하게, 사람들 속에서 단지 잊히고 싶단 생각에 그들과 조금 떨어진 채로 있었는데, 나는 내가 거기서 누군가의 시선에 보여진다는 사실과 그를 알게 됨으로 인한 심정적 동요 때문에 그를 애써 인정해 보려 했다. 그는 나에게 좀 더 직접적으로 말했다. 그것은 마치 내게 기준점들을 부여하는 것 같았다. 내가 별 관심을 갖지 않는 문장들, 차갑고 부동적이어서 떨어져 나가 고립되고, 낯선 척박함을 지닌 문장들을 말이다. 그것은 마치 그 자신과 일치되기 원할 시점에 자기 자신을 기억하게 만드는 고유한 기억의 씨앗들을 내게 파종하려는 것과 같았다.

내가 지금 느끼고 있는 것은 꿈쩍도 하지 않는 말들이다. 내게 무엇인가를 알려 주고 그 말들을 가볍게도 무겁게도 만드는 건 이 부동성 때문인가? 어떤 사람에게는 매우 가벼운 말들이다. 그 말들이 왔다 가도록 내버려 두는 대신, 말들이 살아 움직일 생생한 공간도 없이 그 말들을 고정할 수밖에 없는 사람에겐 너무도 가벼웠다. 그는 내게 아무것도 묻지 않는다. 그는 내가 거기 있는지도 모를뿐더러, 내가 그의 말을 듣고 있다는 사실조차 모르는데, 나 자신이나 마찬가지인 자아를 제외한 모든 것을 아는 사람이었다. 그는 지속적인 도래함으로 인한 놀라움을 통해 알고, 구별할 뿐이었다. 그는 어쩌면 눈먼 신이었는지도 모른다. 그는 나를 모르고 나는 그를 모른다. 그것이 바로 그가 내게 말을 걸고, 우리가 말하는 것만 말하는 수많은 타자 한가운데 그의 말을 던지는 이유다. 우리를 보호하는 이중의 무지 밑에서, 그의 존재를 너무나 확실하고 너무나 의심스럽게 만드는 가벼운 더듬거림과 함께. 어쩌면 나는 나 스스로를 반복하고 있는지도 모른다. 무엇보다도 그 사실을 확정적으로 만드는 것이 나인지도 모른다. 어쩌면 이 대화 역시 서로를 찾고 끊임없이 부르다 단 한 번밖에 만나지 못하는 단어들의 주기적인 회귀일지도 모른다. 어쩌면 우리도 모두 그 속에 있는지도 모른다. 그리고 이 부재성은 우리를 헐벗게 만드는 단 하나의 비밀이다.

 나는 무지에 의해 헐벗은 단어에 내맡겨진다. 그 단어들이 나를 무지의 주인이 되게 한다는 생각은 순진한 것이다. 분명 그것은 어떤 순간에, 나의 내면이나 다른 이들의 내면에 마찬가지로 그것들을 배치한다. 우리가 수월할 죽음에 뒤섞일 수 없는 단 한 개의 종말이 우리에게 가져다준 변환에 다다라서 그가 우리 모두에게 똑같이 맡겨야 할 것은 바로 이 괴기스러운 기억이다. 그는 마치 그 단어들 중 하나에 자기 삶 ——신비스럽게도 그의 삶을 동반하기를 지속하는 희망—— 을 숨기는 것 같았다. 단 하나의 생각, 살아 있는 단 하나의 존재, 그것이야말로 분명한 우리가 상상도 못한 한 단어일 것이다.

 우리가 그에 대해 생각할 때, 이 또한 내가 그를 생각하는 것이 아니라는 사실을 알고 있다. 기다림, 인접성 그리고 기다림의 먼 곳, 우리를 작은 존재로 만드는 증폭. 우리를 쓰다듬는, 그리고 우리 속에서 환상을 어루만지는 명백성.

그것은 부재성이 아니다. 부재성의 주변이자, 그의 부재로 인한 감정에 우리가 둘러싸이는 것이다.

그 안에서 우리 자신에 관한 무엇인가를 아끼고 있진 않은지 알기는 어렵다. 그런데 그것이 우리의 희망이라면? 우리의 남은 것이라면? 우리를 필요로 한다는 것은 얼마나 낯선 감정인가! 부지불식간에 그를 도와야 한다는 것과 부지불식간에 미지의 움직임에 의해 굳건히 우리의 것을 지키면서도 그의 자리를 지키도록 돕는 것, 그가 없는 우리가 되는 것을 멈추지 않는 것은 얼마나 신비로운 의무인지! 너무 많이 묻지 말고, 그에 대한 질문에서 벗어나, 위험하고 불안하며 위선적인 이 궁금증에서 도피하자. 그것은 또 거꾸로 그가 우리에게 보이는 것에서 도망치는 것이기도 하다. 그를 추방하거나 아니면 우리를 추방하거나 하는 일은 매우 쉬운 일이다. 그가 나를 변화시키려는 이 감정에 맞서 싸울 필요가 있다. 그는 나를 바꿀 수 없다! 나를 바꿀 수 없다!

하지만 그의 신중함에도 불구하고 그를 대면하는 거북스러움은 나에게 어느 순간 중압감이 되었는데, 그것은 아마도 그가 자신의 현재 속에서 모든 미래를 결여했기 때문일 것이다. 그리고 그 커다란 미래는 그가 우리에게 나타날 것이라고 상상했던 미래였다. 그는 매우 이상한 방식으로, 그러니까 너무도 완벽하면서 동시에 불완전하게 존재한다. 그가 거기에 존재할 때, 나는 그의 접근을 더 무겁고 잔인하며 불균형하게 만드는, 어찌 보면 무의미하고 어찌 보면 지배적인 사라짐에 부딪칠 수밖에 없었다. 그에게는 그의 존재밖에 없어서, 그것이 그가 현존하도록 두지 않는 것이다. 거대한 현존재, 그 자신조차 그의 현존을 채울 능력이 없어 보였다. 마치 그는 현존 속으로 사라진 것 같았고 현존재는 천천히, 영원히 그를 소멸시켜 버린 것 같았다. ──어쩌면 인격 없이 존재하는 현존이랄까? 그러나 그가 거기에 나타나자, 모든 것이 내게 그를 의심하지 않도록 하는 과제를 주었다. 사실 그는 생각보다 훨씬 더 고독한 사람이었다. 나의 시선과 생각들이 쏠린 보이지 않는 선 저편으로 그가 등돌려 웅크려 버려서, 그 선을 넘어갈 수가 없었다.

그의 존재에 관한 관념이 아니라 그의 존재여야 한다. 그의 현존은 그 자신에 대한 모든 관념을 파괴해 버리는 것 같아서 나 역시, 그의 현존에 대한 거짓된 관념을 가질 수 없었다. 그게 바로 그녀가 확신할 수밖에 없는 이유였다. 그녀의 확신은 일종의 주름 하나 없이 매끄러운 것이었는데, 내가 부딪쳐 보기를 원했을 만큼 울퉁불퉁하고 거칠거칠함이 없는 표면이었다.

아마도 나는 그를 보고 있다는 자각도 없이 그를 보고 있었는지도 모른다. 이 확실성이란 확실성에 대한 감정과 환상을 거의 다 박탈당한 것이었다.

그의 내면 안에서 모든 방향으로 뻗어 나가는 무엇인가의 증폭을 느꼈다. 그 증폭은 조용하면서도 직접적으로 밀어내며, 안으로든 바깥으로든 측정 불가능했다. 그래서 나는 그가 거기 있었을 때도, 거기에 존재할 뿐이라는 사실을 조금도 느끼지 못했다. 배타적인 정의 때문에, 마치 그와 일체가 된 장소에서처럼 도처에 존재하거나 혹은 아무 곳에도 존재하지 않는 그의 존재를 말이다. 나는 단 한 번도 그가 부재한다는 생각을 해본 적이 없었다. 만약 그녀가 그를 만나기 위해 방으로 갈 상상에 거부반응을 보인다면, 그것은 아마도 그 방은 내가 그에게 나름의 부재를 전가해야 했던 유일한 장소였기 때문이다. 그는 거기 혼자, 고통을 견디며, 혹은 죽어 가고 있었다. 나는 이런 생각 때문에 그녀를 만나러 갈 수 없었는데, 하물며 그녀가 고통이 주는 혐오감의 경계를 훌쩍 넘어, 내가 진짜 그렇게 되면 어쩌지 혼자 상상했던 그걸 정말로 행할지 떠올리는 건 더더욱 못할 일이었다. 그곳에 환상적인 것은 전혀 없었다. 오히려 반대로, 단순함이 얼마나 단단한 것인지, 단단한 환상이 빠진 빈곤함이 무엇인지, 상상함과 불안마저도 기만할 수 있는 모든 것에 대한 거부가 무엇인지 몰랐다. 그것은 불안이 없는 불안, 누군가의 접근을 허용하기엔 너무도 간명하고 너무도 빈약한 결정, 접근이 결여된 접근과 같은 양상이었다. 그 무엇으로도 만들 수 없고, 상상이 불가능한 존재. 나는 그것이 내 옆에, 자아의 경계에 떠오르는 것을 보게 되는 것이 무엇보다 두려웠다.

가장 불안한 생각은 그에게는 미래가 없어서 죽지 못한다는 생각이다.

그녀가 나와 관계되자마자 든 생각은 나는 그녀에게 책임이 있고 어느 순간에는 그녀에게 그 생각을 드러내야 한다는 것이었다. 하지만 그것은 너무 이른 것 같은 생각이 들었다. 결코 나는 그 생각을 잊지 않았다. 그녀는 거기에 있었고, 아무런 소용 없이, 내 쪽으로 향한 한 점에 머물러 있었다.

 그의 고독, 그것은 스스로를 속일 공간을 더 이상 갖지 못한 누군가의 고독이다. 더 이상 괴로워할 수도 없을뿐더러, 그 고통이란 것도 고통스럽게 할 수도 없는 것이었다. 그래서 그가 우리 안에서, 우리에 관한 생각 속에서 고통을 견디려 했던 것인지도 모른다. 그래서 그가 우리 사이에서 고통을 견디려 했는지도 모른다. 우리에 대한 생각을 향해, 두렵고 불분명한 움직임으로, 불안에 떨며 돌아오고, 되돌아오기를 애썼는데, 나는 정말로, 그가 그 운동을 종료하지 못할 것이라 느꼈다. 그는 거기에 있었다. 어디에나. 하지만 자기 자신에 못 미치는 사람은 없고, 자기 자신으로 존재하는 게 못 미더운 사람은 없었다. 그런데 그는 절대적인 결핍의 상태로 존재하는 누군가였다. 자기 자신도 타자에 대한 보증도, 심지어는 고통의 충만함조차도 없었다. 그 고통의 충만함은 우리는 알 수 없는 존재의 은총인, 가장 거대한 고통이 가득 찼을 때, 그것을 견디고 있는 몇몇 얼굴에서 발견하게 되는 것인데 말이다. 왜 그는 그 지점에 있는 것일까? 우리의 존재도, 우리의 세계도 어쩌면 그 어떤 세계도 없는 상태로 그는 어떻게 우리 옆에 놓인 이 단순 명료한 존재로 현존하는 것인가? 사실, 그가 지닌 명료함은 모든 방향에서 두려움을 자아내는 무엇인가를 증폭시켰다. 특히, 그의 뒤에서는 연약함을 줄이지 않는 증폭을 통해 두려움이 커지고 있었는데 그것은 무한한 연약함에서 시작한 증폭이었다. 나는 왜 그런 만남을 피해 가지 못하는 것인가.

 그 방에서 그를 떠올려 보려고 하자마자 찾아온 것은 낯선 고통이었다. 나는 그 방에서 그에 대한 생각이 나에게서 사라질 때는 내가 죽을 때뿐이라는 것을 깨달았다. 고통, 이 고통은 오로지 내 생각 속에서만 존재하는 것인지도 모르는 것인데, 언제나 같은 무게, 언제나 넘을 수 없는 한계를 지녀서, 그게 어떤 고통인지 모르는 압박을 가해 억지로 생각하게 만드는 고통스러운 것이었다. 그는 기다리는가? 그는 자신이 죽는다는 사실과 죽은 자는 무한의 미래와 접속하게 된다는 사실을 알고 있는 것일까? 부드럽고 온화한 무게. 그 자신을 짓누르는 인내심, 그 자신을 관통하여, 나 역시 관계 맺는 침묵하는 부동성. 갑자기 그가 되돌아온 느낌, 즉, 그의 부동성이 다시 돌아온 기분이었는데, 그 영상이 너무나도 압도적이고 너무나도 지속적이어서 진리의 운동에 화답하는 것이라 확신했다. 그 순간에는 그가 순환의 환상에 유혹당한 것 같았는데, 자기 자신 앞에서 다시 한번, 죽기를 바라며 진정한 미래를 향하듯이 우리를 향해 되돌아왔기 때문이다. 그렇다면 나는 왜 온 힘을 다해 이러한 운동에 저항해야 하는가? 어째서 그것이 우리에게 되돌아오는 위험임을 증명해야 하는가? 나라는 고유한 존재의 삶이 가진 무거움 때문인가, 좀 더 커다란 위험에 대한 근심 때문인가? 동요하는 모든 정체 상태, 한순간에 바뀌어 버린 내 모든 관계, 급작스럽고 폭력적이며 냉정한 그 무엇. 그것은 끝나지 않아도 끝을 맺게 되기에 나는 ─폐쇄되고, 보호받는─ 구球의 내부에 머무르지 않고 표면을, 유한히지만 경계가 없는 표면을 만든다. 그것은 놀라움과 공포, 환희로 나를 사로잡는 환영이다. 그가 내게 속한 사람이 아닌 것보다 훨씬 더 나는 그에게 무관한 존재일까? 내가 그의 주변에 만들어 놓았을 경계로 나는 그를 포섭하게 될까? 그래서 그 경계는 그를 감싸고 짓누르고, 내가 버틴다 해도 결국엔 그를 감금하겠지? 결과는 현기증을 동반할 정도다. 결과는 과잉이다. 한번 완료된 회귀는 균형을 다시 세우고 오직 나에게 위험한 인상만을 남겨서, 중심으로 데려가지 않고 느끼고 보는 나의 가능성은 순환 속에서 빠르거나 꼼짝 않는, 놀라울 정도로 보존된 빛의 단면으로 다시 나뉜다. 공간이 혁명과 같은 것을 실현하지 않는 한, 공간을 중심으로 도는 회귀는 계속될 것이다.

나는 계속해서 그의 경계로 존재하는 느낌을 지니게 될 것이다. 하지만 매우 부분적인 경계, 어렴풋하게나마 모든 곳으로부터 그 공간을 경계 지을 최소한의 부분으로 말이다.

그가 우리로부터 분리되지 않도록 할 필요성. 마치 우리가 정말로 거기에 없는 것처럼 여기게 해서는 안 된다. 이 순간, 우리의 인접성, 우리 안에서의 생, 삶의 메마르지 않는 힘을 그가 느끼도록 하는 것이 불타오르는 의무처럼 여겨졌다. 또한 그가 여기서 익숙하고, 친숙한, 눈에 띄지 않는 존재로 있을 권리를 의심하지 않는 것이 우리의 의무가 된다. 하지만 종종 그의 내면에서 우리는 오래전에 죽었다는 생각이 강하게 들었다. 받아들이기 쉬운 확실한 형태하에서가 아니라, 우리 얼굴에 쓰인 불분명함과 원한의 그늘하에서 깨달았던 것이다. 그래서 우리 역시, 우리에게 기대고 있었던 것을 우리 속으로 사라지게 방치했는지도 모른다. 우리 자신뿐 아니라 우리의 미래와 모든 인간, 그리고 최후의 하나마저도. 그것은 생각하기를 허락하지 않는 사유나 마찬가지다.

그의 시선하에, 얼굴도 이름도 없는 힘 속에서 우리가 사라지고 다시 나타나도록 내맡기고 싶은 유혹. 나는 이러한 힘을 강하게 느끼고 있었고 이 매력적인 힘을 따르고 우리의 자리를 차지하도록 강요당하는 이 낯설음의 기호들을 알게 되었는데, 우리는 이 낯설음에서 인간의 얼굴을 빌려 왔던 것이다. 아마도 그 낯설음은 그와 우리 사이에 존재하던 공간이었을 것이다. 그 공간은 나에게 마치 진리도 목적도 없는 존재, 모호한 존재지만, 생생하게 살아 있어서 언제나 우리에게 삶을 제공할 수 있고 오직 우리의 모습과 같은 모습으로 우리를 전혀 다른 존재들로 탈바꿈할 수 있는 능력을 지닌 존재들로 채워진 것처럼 보였다. 나는 더 이상 나의 동일성을 지킬 수 없을 것에 대해 두려워했다. 그리고 더 나아가 그녀와 나에게서 멀리 떨어져 우리 쪽을 조종하고 있었던 의심의 시선과 힘에 대해 불안감을 지니고 있었다.

압축되고 잘게 잘린 거리: 공포가 존재하지 않는 공포스러운 것. 차갑고 메마른 움직임, 희박한 생명, 도처에 존재하는 움직이고 얽힌 어떤 것. 마치 이 공간에서 분리는 우리가 자신으로부터 이미 분리된 채 거리를 두고 바라볼 수밖에 없도록 함으로써 생명과 힘을 얻는다. 우리가 주의를 기울이지 않는 여기 이 비명들과 침묵과 말들의 메마름, 준엄한 탄식은 들리길 원치 않는다. 소리 없는 탄식은 증폭되지 않은 채 교차된다. 존재의 삶은 소멸해 가면서도 커지고, 스스로를 소신하면서도 빌진해 가고, 그것 지체로 놓아두면서 보이지 않게 관계들을 좌절시키는 것으로 구성된다. 그리고 우리를 기만하는 인상은 진짜 거짓이 아닌 오류로 헛되이 변화를 가져다주는데, 그것은 마치 우리가 존재하는 것처럼 보이는 외양만을 소유한 것이나 마찬가지다. 떨어져 나가면서도 유혹하는 움직임, 이를 통해 얼굴은 타인을 끌어들일 만큼 매력적이게 되고 하나가 다른 하나에 의해 이끌려 온다. 모두 함께, 필연적이지만 형상화하기는 불가능한 전혀 다른 형태의 미래를 만들어 가기 위한 것처럼. 하지만 그의 현존만큼은 예외다. 나는 그를 기억했다고 말하지 않을 것이다. 현재뿐인 존재를 기억하는 것은 불가능하다. 하지만 가끔 내가 느끼는 것과는 반대로 나는 그를 더 이상 잊지 않고 있었다. 망각은 현재를 좌우하지 못하기 때문이다.

  아마도 우리는 우리 모두를 관찰하는 것을 멈추어야 했는지도 모른다. 그는 저기 창문가에 서서 쳐다본다. 그런데 그는 보고 있긴 한 것일까? 만약 보고 있다면 그의 시선은 어디로 향하는가? 그는 나의 넓고도 강렬한 접근과 나의 조급함, 나의 내밀한 고독을 느낄 수 있다. 내가 그의 차가움과 결정적인 한계를 아는 것과 마찬가지로. 예전에, 나는 그의 잣대에 내가 보이지 않을까 두려워했다. 아니, 단순하게, 알아차리지도 흔적을 남기지도 않을 정신을 통해 만들어 낸 한 인간과 그를 대립시켜서 그를 속일까 봐 두려웠다. 하지만 지금은 다르다. 슬그머니 스며들었다 멈추고, 노력을 통해 관심을 유발하고, 나의 확실성 속으로 그가 되돌아오는 걸 막으려 스스로를 고취했다. 내가 그렇게 그를 파악했을 때 나의 기대했던 바와는 달랐다. 그는 훨씬 젊었고, 청소년들이나 쓰는 의문 표현은 그의 실제 얼굴을 가리는 것처럼 보였다. 내가 받았던 느낌은 그의 형상과는 거리가 멀었고, 그의 여러 모습의 외피에 불과한 것이었다. 그러한 것들과 어우러져 있었기 때문에 찰나의 스침에도 그의 고통을 자각하게 되었던 것이고, 그의 고통은 두 번째, 세 번째 얼굴이 되어 그에게 현실적으로 일정한 거리를 두어야만 하는 모습을 부여했는데, 나는 결코 그 거리를 넘고 싶지 않았다. 나는 이 두드러지는 고통 때문에 멈춰 섰다. 그리고 내가 그에게 말을 걸었을 때 그와 내가 거리를 두려 애쓰는 일 외에는 아무것도 하지 않았다. 최소한, 그의 현존이 지닌 극한의 수월성에 속아 넘어가지는 않았다. 분명히, 그는 내가 그에게 있는 것보다 훨씬 더 내 곁에 가깝게 존재했다. 나는 필연적인 투명성을 만들어 낼 수 없었던 일종의 주의력 결핍으로 그와 나 사이 어중간한 곳에 머물러 있었다. 내가 친절해진 건, 그의 기다림에 좀 더 섬세하게 대답해야 한다는 것을 느꼈기 때문이다. 내가 그에게 말을 걸었을 때, 내겐 도저히 불가능한 이런 종류의 관심에 나의 몇몇 말이 조금이라도 관련이 되었다면 무슨 일이 일어날지는 뻔했다. 고통이라는 것, 혹은 내가 고통이라 명명하는 것은, 그와 떨어져 나오는 대신 그의 내면으로 침투하기 위해, 그래서 어쩌면 거대한 빈 공간을 그것으로 채우기 위해 그의 얼굴 표면으로 돌아갈 것이다. 내가 겪고 있는 두려움의 풍경은 얼마 안 가 이 모든 것을 멈춘다.

일시적인 경련 증세를 보이는 것 외에 그는 극도로 잠잠해진다. 아마도 그는 전적으로 피상적인 인물인지도 모른다. 그래서 그의 모습과, 내가 짧은 시간에 찾아낸 단순성이 유사해 보이는 것이다. 그녀는 어느 날 내게 말했다. 우리는 그에게 고통을 줄 수 있지만 그에게 해를 끼치지는 못한다고. 그리고 악의 없는 상처는 나에게 더 가볍고 대수롭지 않은 것으로 보인다고. 하지만 상처 바깥에 존재하는 상처야말로 가장 나쁜 것이 아닐까? 그것이야말로 그에게 단순한 모습을 부여한 원인이 되지 않았을까? 나는 그 단순성에서 벗어날 필요가 있었다. 내게 필요했던 건 내가 기억하는 그 인상으로 나를 보호하는 것이 아니었을까? 나는 현존했음에도 불구하고 기억 속에 있었다. 그것은 현재였다. 그러면서도 지나간 과거였고, 하찮은 현재가 아니라 이미 지나갔지만 영원했던 현재였다.

자주, 나는 이러한 경고를 듣는다. "네가 존재하는 곳에서 너는 자신을 더한 진실로 이끌어 가도록 해야 한다. 부당하게도, 진실의 명제와 맺었던 모든 관계를 잃어버렸다고 믿고 있을지도 모르는 합당한 행동보다 더 순수한 관심을 통해. 어쩌면 너는 네가 볼 수 없는 것을 위선이라고 명명했던 중간지대에 있는 것일지도 모른다. 아마도 너는 또한 표면에만 존재하는지도 모른다. 그래서 너는 더 낮은 곳으로 내려와야 한다. 이것은 명령이다…. 그것은 요구한다…." ──"아니, 저에게 그런 것을 강요하지 마세요…. 저에게 그런 것을 요구하지 마세요…."

그녀는 내게 어떤 지식을 공유하지도 강요하지도 않았고, 애써 누그러뜨리려 했는데 정작 그녀는 그 지식과 실질적으로 관련되어 있다고 느끼지도 않았다. 나로 말할 것 같으면, 나의 시선과 사물들이 연결되어 있다고 생각지도 않았고 최소한 그것들을 나의 시선에 복종시킬 마음도 없었다. 나는 더 이상 그녀가 하려고 하는 것, 그리고 나에게 하도록 하려는 것처럼 보이는 모든 것을 맹목적으로 따르지 않았다. 종종 나는 그녀가 길을 잃었다고 생각했다. 그리고 그 둘을 잇는 관계들은 내가 암시했던, 그리고 그녀가 거기에서 벗어나길 바랐던 기만적인 운동으로 나타나고 있다고 생각했다. 나는 선 채로 그가 마치 책 읽듯이 자신의 삶을 말했을 때를 떠올렸다. 그는 빌려 온 사건들로 채운 자신의 삶을 이야기했다. 그 사건들은 명확해서, 너무나도 명확해서 그는 마치 증거를 남기려는 것 같았다. 그가 즐겨 시사했던 건 그의 고향이었다. 동부지방에 있는 대도시, 인상적인 주택단지며 구조들에 대해 우리 앞에서 마치 건축하려는 것처럼 열정을 가지고 묘사했다. 나는 그 열정이 우리에게 특별한 무엇인가를 일깨워 주길 기대하고 있었다. 하지만 그의 이야기에 등장하는 집들은 우리가 사는 곳과 별반 다를 바가 없었다. 그는 누군가의 놀라움과 함께 그런 집들에 흥미를 느꼈는데, 놀라워하는 그 누군가도 그 집들을 자신의 말 자체에서 찾아낼 수 있었으리라. 하지만 나는 그가 묘사한 이 도시의 특이한 구조에 놀라지 않을 수 없었다. 이 도시는 마르지 않는 큰 강이 관통하는데, 그는 여러 갈래의 길을 따라, 보행자들의 움직임 때문에 분주한 군중 속을 눈으로 훑어보곤 했다. 그는 거기에는 강렬한 순환이 존재한다고 말했다. 밤에도 끊이지 않는 오고 가는 많은 사람은 마치 밖에 있다가 끊임없이 흘러가는 기쁨에 끌려서 무리가 되고 새롭게 더 큰 무리 속으로 사라지는 것 같았다. 그는 추억에 한껏 들떴다. "그럼 굉장히 시끄럽겠네요?"——"아니요, 그렇게 시끄럽지 않아요. 하지만 근원적이고 마치 땅속에 있는 것같이 낮은, 거의 침묵에 가까운 웅성거림은 있어요. 그래요, 엄청나게 고요해요." 이 도시와 관련하여 그는 우리도 이미 아는 식상한 이미지들로 우리 주변에 그 도시를 세우려 우리를 유인하고 있었다. 그는 우리를 거기로 끌어들였다. 하지만 천천히, 우리에 속한 것과, 우리 자신, 대도시와 거대 국가의 주민들로서 그 도시에 관해 부정확하게 알고 있는 그대로를 우리에게 보여 주었다. 우리가 상상할 수 있는 가장 친숙한 것은 반대로 나에게는 전혀 그렇지 못했다. 전적으로 상상에 불과한 것이고, 끔찍하게도 비현실적이어서 지독하게 의심스러웠다. 그 도시는 자신의 비현실성을 은폐하고, 우리 가운데에 고향과 연기가 피어오르는 아름다운 하늘과 돌들 사이의 아름다운 수평선을 심어 놓기 위해 그가 유일하게 건립해 놓은 도시였다. 낯선 것보다 더 친숙하고 기만적이며 거짓된 세상의 이미지들은 바로 가장 가깝게 있었던 것이다. 그것이 나에게 약간의 짜증과 거북스러움을 일으켰다. 하지만 어쨌건 간에 고통이나 심각한 잘못, 의식보다는 나의 추억에 훨씬 더 가깝고, 섬세함과 황홀에 가까운 것이어서 나를 이중적으로 만들었다. 그렇다. 가깝게 느꼈지만 언제나 깨달은 건, 나에 대한 기억은 정작 나 자신에게서 스스로를 끊어 내기 위한 근원적인 사라짐이었다는 사실이다. 고통은 나의 인격과는 정반대의 방향으로 점점 더 커져만 갔다. 강한 감정이 누가 그를 곤경에 처하게 할 수 있는지 묻지 않는 걸 방해했다. 그것이야말로 우정이었던가? 아니, 오히려 나는 어떤 문제가 그에게 생길라치면 그를 구하러 가는 것을 빠뜨리지 않았다. 그게 고통이 아니었을까? 그를 덮으려는 욕망, 우리 스스로의 이미지에 그를 잡으면서 출구를 돌려주지 않으려는 욕망, 그 고통은 내게 다음과 같은 인상을 남겼는데, 이 모든 것, 도시, 이 도시에서의 생활에 대해 대화를 나눈 건 바로 우리였고, 우리의 노력에 걸맞은 열의로 우리가 말하는 걸 들은 사람은 바로 그였다.

  이 공간, 즉 우리 고유의 언어로 대화를 나누던 장막하에서 그를 마주한 채 우리는 서로 닮아 갔다. 나는 그녀가 우리보다 더 진지하게 침투해 올 것이라 확신했었다. 그녀는 우리 중 어떤 이보다도 젊은 시절부터, 더 오래전에 대도시를 떠나 왔다. 그녀는 한 소녀에게 쏠리던, 매우 먼, 떠들썩한 세계밖엔 떠올리지 못했다. 그 소녀는 축제의 가장 큰 힘이었으며, 영화관의 어둠은 스크린의 이미지들보다도 생기를 띠었다. 그뿐만 아니라 사람 무리의 아름다움, 엄청나게 곧게 뻗어 나가던 힘, 길이 지닌 권위의 본질을 구성하는 돌의 표면들, 그 위로 포착할 수 없고, 비인간적이며 마치 망령들의 그것 같은 한 생이 흘러가고 있었다. 그녀가 원하는 이미지들과 만나기 위해서는 그녀의 기억 안으로 좀 더 거슬러 올라가야 한다. 게다가 유동적이고, 우리의 것보다 더 가까운 원천을 지닌 이 이미지들은 그녀를 더 먼 곳으로 이끄는 것 같았다. 거기는, 우리가 좀 더 빨리 결합되었던 전혀 다른 과거 속 같았다. 하나가 가면, 옆에 있던 다른 하나가, 그곳으로 슬그머니 미끄러져 들어가는 것 같았다. 어디로 가는 것인가? 왜 그렇게 서두르는 것일까? 만약 내가 그 이유를 물어봤다면 그녀에게 이 공간이야말로 추억들이 숨겨지지 않는 공간이란 사실을 알게 될 것이고, 이 공간은 어떤 꾸며 낸 이야기도, 변장도 없이, 심지어는 그녀조차도 모르는 새 그녀이 진실 가장 가까운 곳에서 모습을 드러낼 것이다. 아니, 그녀는 깊이 생각하지 않는다. 상상하지도 않았다. 그저 모든 상상적인 몽상에 등 돌렸다. 일종의 분노와 같은 감정과 함께 불행하게도 경이로움을 꾸며 대며 속임수를 쓰려고 애쓰는 인간들의 비루함을 혐오하면서.

그것은 진실된 본능 자체 때문인 걸까? 불안 때문인가? 내가 그녀에게 물으려 들 때마다, 그녀가 얼마나 열렬히 우리가 살고 있는 이 장소를 안전한 곳에 놓아두려 했는지 미처 깨닫지 못했었다. 그녀에게 이것은 확실한 기반이었다. 그녀는 이곳에 완전히 적응했다. 그녀가 이 장소를 떠날 때는 옆 마을로 내려갈 때뿐이었다. 때때로 사람들은 마치 하늘로 올라가 하늘과 경계가 섞여 버리는 가늘은 수평선처럼, 멀리서 바다가 보이는 산 근처까지 산책하러 갔다. 이런 믿음은 거의 모두가 품은 맹목적인 믿음을 한때 우리의 삶의 방식이었던 것 속에 심어 놓았다는 것이 아니다. 그녀는 그와 같은 착각에서 자유로웠고 이 고장에서 결코 나갈 수 있으리라 믿지 않았다. 오히려 그녀는 그것을 원하지 않고, 그녀가 믿고 확신하는 모든 것을 이 좁은 원환 속에 모아 놓기를 원하는 것 같았다. 이 원환 너머에는 부모와 자매의 창백한 형상들뿐이다. ─그녀의 자매는 제자리에 있는 것 같은 세계 속에 살고 있다─그것이 바로 그녀가 거의 두려움에 가까운 협약으로 이 장소와 결합되어 있는 이유다. 모든 것은 우리가 광활한 세계와 관계 맺는 것이고, 이 삶은 우주가 다 담을 수 없는 것이다. 이 빈 공간들 덕분에 그녀는 자신의 삶을 그녀에게 더 견고한, 도시나 국가보다 더 단단한, 게다가 더 다채롭고 심지어는 더 광활한 여기 단 한 곳에 집중했다. 이 공허 속에서 때때로 양자택일은 점점 소멸되고, 많든 적든 근원적인 차원으로 파고들어 가게 된다. 사람들은 그녀를 그곳의 여왕이라고 부르거나 그녀가 순진하게도 만족스러워하는 다른 별명들로 불렀다. 나는 사람들이 그런 식으로 그녀를 놀리고 말 거는 것을 좋아하지 않는 유일한 사람이었다. 반면에 그런 그녀의 자유로움이 나를 기쁘게 한다. 왜냐하면 그녀는 젊고 생기 있었기에, 나는 그녀를 이 수도원과 같은 곳에서 그녀가 헌신하지 않을 장소로 벗어나게 하려 했다. 그녀는 여기서 나가길 바란 적이 없었던가? 그녀는 그 밖의 다른 것들, 진짜 거리, 군중의 무리들을 보고 싶지 않았던가? "아뇨, 보고 싶어요. 많은 사람이요." 그리고 그녀는 이렇게 덧붙였다. "당신은 저를 여기에서만 봐서 그래요. 의외로 당신을 즐겁게 할지 어떻게 아시죠?" 그녀는 또 이렇게 덧붙인다. "당신이 저에게 그런 걸 이야기하는 건 잘못이에요. 사람들이 방황하는 건 바로 그런 꿈들 때문이에요." ― "네, 저요?" ― "네, 당신이요. 잘 모르겠어요. 저는 당신이 떠나는 걸 막고, 필요한 만큼 여기 붙잡아둘 거라 생각해요."

결국, 나는 그녀 주위의 현실이 얼마나 견고한지를 알게 되었을 뿐이었다. 그녀 주위를 둘러싼 현실들은 사물의 순환, 우리가 머물 중앙의 큰 건물들, 기술적 배치들을 동반한 별관들, 작은 공원, 분수들에서 흘러나오는 소음, 각각의 방과 언제나 흰빛으로 빛나는 복도, 자갈들에 디디는 바깥의 발자국, 직원들의 목소리, 지나가는 사람들의 무리 지은 불확실하고도 소박한 목소리, 동시에 우리가 호흡하는 공기 등으로 채워진 것이었다. 특히 이 공기는 신선하며 가볍고, 위험하기까지 했는데 마치 무지한 삶의 파편들을 우리 안에서 즐겁게 태워 버리려는 힘과 같았다. 언제나 자신의 중심 위로,

그 중심 자체가 불투명한 점 위에 집중되는 원환의 방식으로 이 세계가 좀 더 명확해지고, 좀 더 견고해진 것이 그녀가 거기 있었을 때였다고 말하진 않겠다. 그녀가 자리를 차지하고 있는 그곳. 그곳은 모든 것이 명료했다. 투명한 빛이었는데 확실히 그 빛은 그녀 너머로 퍼져 나갔다. 사람들이 방에서 나올 때, 그곳은 언제나 고요하게도 선명하다. 복도는 지나다니는 사람들의 발자국 밑에서 부스러지고, 벽들은 단단하고 하얗게 남아 있다. 살아 있는 사람들은 죽지 않을 것이며, 죽은 사람들은 소생하지 않았다. 그리고 더 지나서는 제자리로 돌아온다. 언제나 그렇듯이 선명했고 조금은 덜 고요했다. 혹은 근원적인 고요함과는 반대로 더 넓게 퍼진 고요. 하지만 이 미세한 차이는 감지되지 않았다. 우리가 나아갈 때, 빛을 통과하는 어둠의 베일 역시 감지되지 못하는 것은 마찬가지다. 하지만 거기에는 이미 이상한 불규칙성들이 있었다. 인적이 드문 어떤 장소들은 인간적인 온기를 빼앗겨 어둠 속으로 후퇴한다. 바로 그 옆에서는 태양의 표면이 즐겁게 빛나는 반면에 말이다. 아무도 가려 하지 않는 성당이 공원에 세워졌다. 신실한 자들은 교회로 돌아갈 준비를 할 것이다. 어느 날, 나는 그녀와 함께, 그녀가 극도의 놀라움으로 바라본 그 성당으로 거의 침투하다시피 들어갔다. 그녀를 둘러싸고 침범한 그 놀라움은 내가 그녀를 바깥으로 데리고 나가지 않았더라면, 그녀를 쓰러뜨릴 지경이었다. 그것은 냉기였던가? 평상시에는 거의 개의치 않았던 죽은 사물들의 호명이었던가? 그녀는 다음과 같은 이유를 찾아냈다. 그것은 이미지와도 같은 것인데, 우리는 거기서 나쁜 상태로 있을 수밖에 없을 거라고 했다.

그러므로 거기에는 그녀도 마찬가지로 확신할 수 없는 지점들이 존재하고, 그녀는 거기서 자신으로부터 멀어지는 위태로움을 느꼈다. 좀 더 멀리 가 보면 어땠을까? 자유로운 국가들이 늘어선 그곳, 더 이상 원환도 없고, 길, 집들이 가을 안개 속에 흩어져 버리는 곳, 어둠이 피곤한 낮을 닮은 곳, 마을, 산, 바다가 되어 버린 지평 너머 더 먼 곳으로.

나는 때때로 그가 그녀에게 보여 준 모습이 그녀가 간직하는 비밀이 되었다고 생각했다. 그가 그녀를 만나는 곳은 피아노 옆의 구석인데, 그곳은 단지 추억의 영역이나 이미지들의 체류지가 아니라, 견고한 섬이나 작은 독방에 가까운 곳이었다. 사라지는 시간과 빈 우주의 거대한 압박을 피해 도망치기에는 꽤 좁고 폐쇄된. 그것이 곧 그들의 만남을 너무나 불안해 보이게 했다. 다른 어떤 것보다도 더 은밀함. 누구도 침범할 수 없는 순간 속으로 파묻혀 버린 것처럼, 오로지 그들에게만 고유한. 그것은 격벽 상부가 그녀 자신의 생애인 일종의 직립 석관과도 같은 곳이었다. 나는 거기서 그녀의 몸이 생생한 입체감으로 조각된 것을 보았고 그것은 우리의 생명을 우리 자신에게로 밀어 넣는 위험한 움직임을 멈추게 하는 것이었다. 그녀는 거기에 있었다. 마치 조용한 관리인처럼. 밤새워 공허를 감시하면서. 출구들을 철저히 차단하며, 그의 연약함으로부터 우리를 보호하고, 우리의 힘으로부터 그를 보호하는 문을, 돌로 된 아름다운 문을 닫으면서. 관리인인 너는 누구를 보호하는가? 너는 밤새워 누구를 보살피는가? 누가 너를 그 장소에 세워 놓았는가? 하지만 나는 이에 대해 고백할 것이 있다. 내가 그들을 봤을 때

충격적이었던 건, 그들의 상냥함이 유치한 이중적 진실이라고 불려야 마땅하다는 것이었다. 아마도 우리에게서 그들을 고립시키는 것은 바로 이 가벼움일 것이다. 즉, 이 가벼움은 그녀가 본래 가지고 있었던 것이 아니라, 그에게 받은 것이었다. 나는 그걸 아무런 쓰라림도 없이 지켜보았지만, 그가 그녀를 유혹하고 자신을 그녀에게 연결시킬 수 있었던 것은 그의 바로 그 점이라는 인상을 받았다. 그 관계는 너무도 가벼워서 그녀의 눈에는 관계의 부재성밖에는 보이지 않았기 때문에, 그가 그녀에 대해서밖에 말하지 않고 그녀 외에는 아무도 바라보지 않는다는 사실을 자각할 수 없었다. 그녀는 오히려 그가 자기를 자주 바라보지 않는다고 말했다. 그리고 결코 정면을 바라본 적이 없었고 측면으로만 본다고 말했다. "당신 쪽을 보는 거예요. 저는 그걸 느껴요." 사실, 한두 번, 나를 찾는 한 피곤한 시선 때문에 놀랐던 적이 있다. 그 시선이 당신을 찾아냈다면, 당신을 놓아주지는 않을 것이다. 그의 피곤 때문이거나 혹은 단순히 그가 정말 당신을 바라보지 않기 때문이다. 내가 만일 그녀에게 이렇게 묻는다면, "거북하지 않나요? 그가 당신을 쳐다볼 때?" 그녀는 이렇게 말한다. "아뇨, 저는 그의 시선을 좋아해요. 아마도 그가 가진 것 중 가장 아름다운 게 그 시선이 아닌가 생각해요." 나는 탄식이 절로 흘러나왔다. "당신은 그의 시선이 아름답다고 생각한다고요?" 이 질문 앞에서 정확성을 기하기 위해 보기 드물게 단념하는 모습을 보이더니 깊이 생각했다. "저는 그의 시선이 아름답다고 생각했어요." ─ "하지만 그는 좀 두렵죠. 그의 얼굴은 늙은 아이의 얼굴이죠. 그저 늙은 것이 아니라, 나이를 가늠

할 수도 없고 끔찍하게도 표정이 없어요. 그리고 지나치게 뾰족한 우스꽝스러운 코도!" 그녀는 진심으로 비난이 섞인 표정으로 내가 하는 이야기를 듣고 있었다. "항상 그런 얼굴만 보이는 게 아니에요. 당신도 잘 알다시피 그는 선명하게 볼 수가 없을 뿐이에요. 그가 주의 깊은 몸짓으로 얼굴을 닦아 낼 때 그가 얼마나 몸을 떠는지 보일 정도죠. 하지만 그는 그런 자신의 행동을 숨기죠. 그는 사람들이 자신을 병자로 생각하길 바라지 않는다고요."——"당신은 그를 가엾이 여기는군요. 정말 그에게 동정심을 가지고 있어요. 당신이 그에게 관심을 보이는 건 그가 너무나 불행해 보이기 때문이죠." 그녀는 격분해서 대답했다. "그는 전혀 불행하지 않거든요, 당신이 어떻게 그런 말을 할 수 있죠? 그리고 저는 그를 동정하지 않아요. 그가 동정받기를 바라지 않으니까요."——"그럼 그는 행복한가요?"——"아뇨. 그는 더 이상 행복하진 않아요. 어째서 당신은 그런 걸 묻죠?" 나는 재차 그녀에게 물었다. "그럼, 당신은 그의 시선이 아름답다고 생각하나요?"——"네. 저는 그가 아주 아름답다고 생각해요. 때때로 아주 특별하게요." 그리고 그녀는 이렇게 덧붙였다. "그의 미소는 어디에도 비할 데가 없어요."——"그가 미소 짓는다고요?" 그렇다. 그는 미소 짓는다. 하지만 그것을 알아보기 위해서는 그 옆에 아주 가까운데 있어야 한다. "가벼운 웃음은 필시, 저를 향해서 보내는 것이 아니에요. 사람을 바라보는 그만의 방식인지도 모르죠."

그녀가 서서, 나에게 이렇게 말하는 것은 매우 드문 일이었다. 그러나 조금 지나서는 이런 일이 더 자주 일어났다. 나의 고집과, 거의 집요함에 가까운 방식으로 그녀의 생각을 그에게로 향하도록 강요하는 나의 필요 때문에. 그녀는 고통을 느껴 끝내 이렇게 말했다. "저에게 더 이상 묻지 마세요. 조금도. 나중에요. 저를 좀 추스르게 해줘요." 나는 내가 말한 불화, 그러니까 일종의 흥분, 미지의 인식, 거의 도취와 마찬가지인 어떤 상처를 겪었다. 그녀의 관심에서 멀어졌다는 걸 말하는 게 아니다. ─그것은 납득 가능한 것이었고 그녀는 아무것도 실망시키지 않았다 ─다만 그라는 인물 때문에, 그녀를 잃고 나를 상실할까 봐 두려운 모호한 관계 속으로 들어가는 것이 두려웠다. 나는 그 관계를 단지 그녀뿐 아니라 나 자신으로부터 떨어져 나오게 하는 무한한 거리처럼 여겼다. 그리고 그것은 우리가 이렇게나 가까이 있는데도, 좀 더 다양하고, 풍요롭고 하지만 그만큼 더 불확실한 시간들을 거쳐 함께 존재하는 것을 가능하게 해주었음에도 불구하고 서로가 서로에게서 멀어지는 듯한 인상을 주었다. 내가 다시 그 시간의 미궁으로 되돌아갈 수만 있다면, 누군가가 나를 그녀로부터, 그리고 또 다른 나로부터 떨어뜨려 놓았음을 직감했을 것이다. 그것은 행복한 거대한 구 속으로 즐겁게 우리를 흩어 버리기만을 요구하는 미끄러짐 같은 것이다. 그뿐만 아니라 나로 하여금 의심의 감정에 사로잡히게 만든 미끄러짐이기도 하다. 하지만 나는 그 미끄러짐 속에서 의심의 감정을 통해 붙잡으려고 애를 쓴다. 그러므로 나는 생각을 증폭하고 감시를 늘린다. 내가 그녀를 감시한다는 말이 아니다. 나는 좀 더 그녀를 따라다니면서 그녀의 행보를 이해하고 우리가 함께 가는 곳이 어디인지를 이해하려 노력하는 것뿐이다. 만약 우리가 이미 서로에게 어둠으로 존재한다면, 망각이 더 이상 갈라놓을 수 없는 이 어둠의 내밀한 곳에서 합일되어 있는 것이다.

   진실로, 우리를 가장 고통스럽게 했던 것은 기다림에 더 이상 자리를 내주지 않는 중력의 지점에서 그가 위협받고 있다는 생각이었다. 그는 이미 한 번 이상, 이러한 예상의 원을 넘었던 것 같다. 그는 방에 머물며 침대를 떠나지 않고, 움직이지 않은 채 머물러 있을 터였다. 그가 이러한 무거움에서 도피한다면 단순히 경솔해서가 아니다. 그것은 힘에 대한 증명도 아닐뿐더러 그 힘 역시 자신의 것이 아니었다. 사람들은 아마도 그가 병증의 힘을 이용한다고 생각할 것이다. 그러나 그것은 말장난에 지나지 않는다. 그는 언제나 거기에 있었다. 하지만 커져만 가는 불확실성으로 점점 거기에 덜 존재했다. 그는 자주 여러 날을 방에서 나오지도 않고 지냈었다. 그리고 어쩌다 한번은 평상시보다도 더 오래 있었다. 나는 그를 더 이상 볼 수 없을 것만 같았다. 그녀는 그의 부재가 꽤 길어졌음에도 불구하고 더 이상 불안을 표현하지 않았고, 거의 완벽하게 평온한 상태에 있었다. 마음에 동요가 일어났던 것은 내 쪽이었다. 그녀가 그를 잊는 것이 가능한 것이기나 한 건지 자문하고 있었다. 물론 틀림없이 그녀는 그를 잊지 않았고, 복도를 지나가면서 문을 한번 바라보더니 나의 질문에 대답했다. 하지만 그 대답 속에서의 그는 일시적인 관계일 뿐이었다. 나는 그녀에게 물었다. "걱정되지 않나요?"—"아뇨. 왜죠?" 나는 감히 그 사실을 그녀에게 직접적으로 전달할 수 없었다. 나는 그녀가 분명 요양원의 직원들에게 그에 관한 소식을 들었을 것이라 생각했다. 나는 그녀가 그의 방에

갔음을 의심하지 않았다. 그녀와 같은 사람들이 방문하는 것이 늘 상 있는 일이지만, 그는 너무 멀리 고립되어 있어서 예외일 수밖에 없었다고 해도 말이다. 그의 방은 우리가 시선을 둘 권리가 없는 낯선 동굴처럼 느껴졌다. 하지만 우리는 그에게 초대받지 않아도 방에 들어갈 수 있을 만큼 꽤나 가깝지 않은가? 나는 그를 떠올렸다가 그가 혼자 있을 때 얼마나 더 약해졌는지 상상하기를 중단했다. 나는 언제나 이러한 고독 속에서 우리가 그를 포기해서는 안 된다고 느꼈었다. 한순간도. 특히 밤에는 더욱. 그는 잠들지 못하는 게 틀림없었다. 그리고 잠을 거의 자지 않는 나는 그가 지내는 밤들로부터 희미한 의식, 경계를 늦추지 않는 근심을 갖게 되었고, 가장 가까운 곳에서, 우리를 갈라놓는 공간을 넘어 그와 함께 밤을 지새우고, 그를 지켜보아야 한다고 느꼈다. 어느 날 나는 그녀에게 그가 보내는 밤의 고독을 암시했다. 그녀는 나에게 놀라움을 표시하며 이렇게 말했다. "그렇지만, 그는 혼자 있을 때가 매우 즐거울지도 몰라요." 그녀는 고집스럽게도 '즐겁다'라는 단어를 썼다. 그는 그녀가 만난 사람 중 가장 즐거운 사람이었고, 그 즐거움이란 그녀가 항상 유지할 수 없는 종류의 것이었다. 나는 그제서야 그녀가 때때로 즐거워 보이는 이유를 이해하게 되었다. 그것은 진짜 즐거움이 아니었고, 그녀는 빛의 반사광을 지니고 있었을 뿐이었다. 그녀가 걸친 고급스러운 옷감의 광택에 누군가는 접근하려는 마음을 먹을지도 모른다. 어쩌면 그 옷을 벗기려고.

며칠이 지나자 이번에는, 그가 더 이상 일어나지 못해서 매 순간 보살핌을 받을 것이란 의심이 들어 그에 대해 물어보고 싶은 끔찍한 욕망에 사로잡히게 되었다. 그는 그렇게 사라질 수 없다. 이런 기회를 영영 놓치는 것은 있을 수 없다. 돌이킬 수 없는 일이 일어났다. 아마도 이 순간. 바로 정확히 이 순간에. 내가 모든 한계에 관한 감정을 잃어버렸다면 그가 결핍된 사유를 하게 될 때다. 나는 그를 진정으로 궁금해하지 않았다. 내가 원했던 것은 그를 아는 지식이 아니었다. 그것보단 훨씬 덧없는 이유였다. 나는 단지 그에게 다가가고 싶었을 뿐이었는지도 모른다. 사람들은 과연 그를 내버려 둘 수 있었을까? 그가 내 쪽으로 돌아선 것이 사실이라면 나는 이 움직임의 단순한 본질을 이해하지 못해서 어두워지는 수밖에 없었을 것이다. 특히, 너무나도 고요한 그녀를 보고 있노라면, 정신과 삶에서 그에 대한 기억이 거의 지워지고, 기다림조차 쉽게 느껴지는 게으른 안정감을 보고는, 문득 내가 그녀를 얼마나 믿고 있는지를 자각했다. 나는 도망쳤다. 거리를 두고서라도 머물기 위해서는 그녀의 성향을 인정할 수밖에 없었다. 그리고 의심할 여지 없이 그것은 사실이었다. 그녀는 최고였고, 아무도 그에게 하지 못할 일을 해주었다. 또한 그가 그녀와 함께 있을 때 즐거워했다는 것 역시 사실이었다. 오로지 그녀와 함께 있었을 때만. 그렇다고 해서 내가 그와의 관계로부터 마음의 짐을 내려놓을 수 있었던 건 아니다. 그녀는 왜 이렇게 조용한 것일까? 열과 불안 속에서 찾아가는 공간처럼, 내가 맞닥뜨린 이 고요함은 어디에서 온 것일까? 왜 나는 거기에 속하지 못하는가? 왜 나는 그녀가 그렇지 않은 만큼이나 그에게 더 몰두해 있는가? 왜 그녀는 그를 잊어버린 것처럼 보였을까? 왜 그녀에게 잊힌 것이 나에게는 마치 기억하기를 강요하는 듯한 날카로운 점이 되어 나를 짓누르는 것일까?

　어느 날 밤, 내가 오래, 깊게 잠이 든 상태에서 나는 그가 최악의 상태에 있다고 느꼈다. 너무나 선명해서 나는 잠 속에서 깨어난 상태로 있었다. 무의식에서 그녀에게 그 사실을 알렸던 것 같다. 그녀가 대답을 하지 않자 나는 램프를 켰다. 그녀가 불빛에 고개를 숙이고 무릎을 껴안고 앉아 있었다. 그녀는 늘상 그런 자세로 앉아 있기를 좋아했다. 그녀는 격앙된 감정과는 정반대의 감정으로 이 경계의 가장자리에 끼어 있었다. 가장 이상하게 여겨진 것은 그녀가 몇 시간 전부터 깨어 있었던 사람처럼 보였다는 사실이다. 잠들 수 없는 때면 그녀는 나에게 이렇게 말했다. "잠을 잘 수가 없어요." 생기 없는 작은 목소리로. 그토록 심한 불면은 그녀에게 이해할 수 없는 불행 같았다. 게다가 그녀는 이 세상에서 혼자 잠을 청하는 것보다 더 슬픈 것은 없다고 담담하게 말했다. 복도를 돌면 보이는 자기 방에서 그녀가 밤마다 밤을 지새우는 데는 아주 명백한 필연성이 있었던 것이다. 나는 그녀에게 이렇게 말할 수밖에 없었다. "그런데 무슨 일이죠?" 그녀는 여전히 고개를 숙이고 있었다. 한밤에 이렇게 깨어 있는 그녀의 모습을 보는 것은 내가 잠에서 깼을 때 내 옆에 있던 그녀를 찾을 수 없다고 가정한 만큼이나 놀라고, 더 공포스러운 일이었다. 두려웠기 때문에 그녀도 나를 불렀을 것이다. 나는 깊이 잠들어서 그녀가 나를 부르는 소리를 듣지 못하고, 그러면 그녀는 자신을 사로잡는 소리 없는 분노의 여러 감정 중 하나를 느꼈다. 그래서 사람들은 그저 그녀를 뜻밖의 방식으로 끌어낼 수밖에 없었다. 몸짓으로, 말로, 주의 혹은 부주의. 왜인지 알 수도 없고 예상도 안 되는 이러한 것들이 그녀를 동하게 했다. 그 순간, 나는 그녀를 나의 곁으로 어떻게 다시 데려올지 생각하느라 매우 흔들렸다. 나는 결국 다음과 같은 말밖에는 찾아낼 수가 없었다. "무슨 일이죠? 대체 무슨 일이죠?" 그녀는 내가 이렇게 물어보면 싫어했었다. "그렇게 짤막한 몇마디 말로 저에게 물어보면 제가 무슨 말을 해야 하죠?" 하지만 이번엔 아무 대답도 없었다. 그녀는 이 고통스러운 접촉을 피하려는 것처럼 눈에 띄게 일그러졌다. 나는 그녀에게 나쁜 꿈이라도 꾸지 않았는지 물었다. 그리고 그녀도 기괴한 소리를 들었는지. 나의 예감을 다시금 생각하면서, 나는 우리 스스로에게 "그녀는 불안했을까? 그녀는 뭔가 알고 있었을까?"라고 질문할 만큼 그가 무척 아플지도 모른다는 인상을 그녀에게 설명하려 노력했다. 게다가 나는 하지 말았어야 할 말로 대화를 마쳤다. 하지만 그 말들은 오래전부터 내 마음에서 형성되어 있었던 것들이었다. "저는 그와 대화하고 싶습니다. 저는 그를 만나고 싶습니다." 이 말을 하면서, 그녀 쪽으로 다가가서 그녀에게 손을 대었다. 그녀의 몸은 믿을 수 없을 정도로 단단했다. 어떤 사물도 그녀보다 단단할 수 없을 정도로. 겨우 내 손끝이 그녀를 스치려 했을 뿐인데 끔찍한 무관심과 거부의 의사가 확실한 비명을 지르며 튀어오르듯이 몸을 곧추세웠다. 나는 그 말들을 살펴볼 새가 없었다. 나는 그녀를 다시 잡으려 애썼을 뿐이었다. 그녀는 내 품에서 무너져 내렸고 그녀가 지녔던 모든 단단함이 누그러지고 부드러워졌으며 마치 꿈처럼 흐르는 것으로 변했다. 그와 동시에 그녀는 하염없이 울었다. 나는 이 밤에 무슨 일이 일어나고 있는지 알지 못했다. 나는 이 광경을 읽을 수도, 이해할 수도 없었고 다만 기억할 뿐이었다. 그 광경엔 내가 도무지 알 수 없는 전복된 무언가가 있었다. 사실 그것이 전복시킨 건 시간이었다. 마치 아주 오래전에 목격했거나 앞으로 경험할 무언가를 보고 있는 것처럼. 나는 감히 그녀에게 이렇게 말해 보았다. "당신은 저를 그 사람처럼 취급하는군요." 그녀는 분명하게 거부했다. "어떻게 그런 말을 할 수 있죠?" 그녀는 내 말에 거의 비웃다시피했다. "그런 말을 할 사람이 또 누가 있죠?"—"아마도 다른 누군가겠죠. 제가 아는 사람 중엔 없는 것 같군요."—"그런데 너무나 무시무시했죠?"—"아뇨. 그렇지 않아요."—"아니면 당신은 자고 있었나요?"—"그런 것 같지 않아요." 내가 끊임없이 그 자리에서 맴도는 것을 보면서, 그녀는 이렇게 말했다. "아무 일도 아니에요. 당신이 알고 싶은 게 뭐죠? 당신이 이해해야 할 건 아무것도 없어요."

그녀가 나를 알지도, 사랑하지도 않고, 나는 그저 그녀를 저 멀리서만 바라보는 심각한 순간이, 우리 공동의 세계 가장자리로 밀려나는 것과 같은 순간이 점점 다가온다는 사실에 그저 손 놓고 있을 수 없었다. 그러고 나서 그녀는 무엇을 말했던가? 나는 어린아이처럼 확신했다. 잘 들리기만 했더라면, 이 말들은 나에 대해, 그녀에 대해 그리고 그 밖의 나머지에 대해 밝혀 주었을지도 모른다고. 나는 자포자기하듯이 그녀에게 말했다. 그녀는 대답했다. "저는 아무 말도 안 했어요. 그건 아무 의미 없는 비명이었어요. 저는 어쩌면 소리 지르지도 않았을 거예요." 결국, 나는 그녀가 이 광경을 통해, 근본적인 질투의 제스처를 누설한 것이 아니었을까 자문했다.

아마도 그녀는 내가 그에게 보이는 관심을 질투하고, 그녀가 말한 것처럼 그가 나에게 보이는 관심에 질투심을 느꼈는지도 모른다. 그녀는 그를 편애하길 고수했고 고통스러운 곳으로 가듯이, 의식하지 못한 채 돌아가 버렸다. 나 역시도 그때까지 알아채지 못했다. 이 생각, 너무나 인간적인, 하지만 내가 진정으로 생각하지 못했던 이 생각은 나를 감동시키고, 고요함을 되돌려 주었다. 우리는 고요하게 기다려야 한다. 기다림이란 것이 우리에게 유력한 연대를 일깨우는 책임감을 의미할지라도. 나는 지금, 이 밤이 지난 후에, 이 밤을 가로질러서, 모든 것이 단순한 것이었고 내가 생각했던 것보다 더 풍요로운 것이었다고 느꼈다. 내가 그녀에게 말했던 말이 나를 엄습해 왔다. "저는 그와 대화하고 싶습니다. 저는 그를 만나고 싶습니다." 내가 썼던 말은 거의 수치심에 가까웠다. 너무나 개인적인 바람에 의한 탓에 그 말은 표면까지밖에 도달하지 못했고 그녀에게 질투를 불러일으킬 수 있었다. 나에게만 관계된 욕망의 깊이를 일깨우며. 하지만 이 말들은 내가 보기에 옮겨 가지 못한 것 같다. 이 말들은 얼마나 수줍고 얼마나 불가항력적인지 알 수도 없는 무엇으로 나를 감동시켰다. 그것은 여기까지 인도하기 위해 광대한 지속성이 필요했던 한낮 청춘의 욕망이었다. 그리고 나와 관계되고, 내가 원하는 것만 말했을지도 모르지만 내가 말하고 있던 건 정확히 지금, 마치 나의 가장자리와 같아서 내 손이 지금 닿을 수 있는 곳, 바로 저기 앉아 있는 젊은 여성, 그녀였다. 그런데 왜 그녀는 그렇게 혼란을 느꼈던 것일까? 내가 미처 생각지 못했던 슬픔으로 인해 여러 질문으로 그녀를 괴롭히는 바람에, 그녀가 원망의 눈초리로 나의 지칠 줄 모르는 탐문을 거부하고, 뿌리칠 수 없는 단 하나의 추억조차 원하지 않게 된 것일까?

밤이 된 지 얼마 되지 않아, 내가 그녀에게 "얼마 전부터 당신이 매우 조용한 분이라고 생각했어요"라고 말했을 때, 그녀는 내 말에 이렇게 지적하는 것을 좋아했다. "그런데 저는 조용하지 않을걸요." 그리고 그녀는 고민 속에서 어떻게 하면 정확하게 말할지를 생각한 다음 이렇게 덧붙였다. "저를 뒷걸음질 치게 만들면서도 침묵 속으로 밀어 넣으려는 극도로 순수한 점, 점과 같은 것이 있지요. 저는 그 점을 느껴요. 전혀 침묵이 아닌 그 점을." 이 대답은 나에게 마치 그녀가 설명한 점이, 그리고 또한 현재를 시험하는 점이 되었다. 이 고통은 너무나 날카롭고도 세밀해서, 아직 먼 것인지, 이미 절대적으로 우리 곁에 현존하는 것인지 알 수 없는 것이었다. 끊임없이 다가온다 해도, 우리가 그 점을 제어하기에는 너무나도 생생했다. 이 점이 시험하는 것, 나를 이 지점에 못 박는 이 고통, 하지만 그 고통은 즐거움의 기호들을 지닌 불안을 통해 나를 여기, 저기로 밀어낸다. 나는 그게 무엇인지 알 수 없다. 거기엔 내가 비껴간 불분명한 무엇인가가 있는데, 그래서 나는 그것을 손에 넣을 수 없었다. 그것은 틀림없이 그와 연관된 것이자 그를 위협하는 심각한 상황과 관련된 것이었다. 하지만 사람들이 은근히 혐오의 이름을 붙이는 이 나쁜 장소에서 그가 떠나 버렸을 때 나는 진정할 수가 없었다. 거의 피곤하지도 않은 상태로, 나의 추억에서보다 현실에서 그가 얼마나 더 약해졌는지 ─단지 더 약해진 것만을 의미하진 않는다─ 확인하면서 매번 당황스러움에 빠졌다. 그것은 마치 측정할 수 없는 힘이 스스로와 싸우면서 스스로에게 말 거는 것과도 같은 이치인데, 힘은, 이 이름을 부여하기에 무한한 이 지러짐을 통해 무엇보다도 우월해지지만, 지금은 어떤 지고성도 가지지 못한 무력함이기도 하다. (너무나 강한 죽음을 직면한 한 인간 에게는 어떤 일이 일어날까? 잔인한 죽음을 회피하는 모든 인간은 잠시 나마 새로운 차원에 관한 숙고를 하기 마련이다.) 그는 또한 은밀한 곳 에 존재하며 죽음을 기다리고, 우리를 기다렸다. 그가 위독하지 않 다는 사실을 전혀 확신할 수 없었다. 그토록 날카롭고 섬세한 점 은 더 날카롭고 섬세해지기만 할 뿐이었다. 나는 게임 테이블 가까 이에 있었고 그는 소파에 있었는데 몸은 다소 흐트러진 모습이었 으나 우아함을 지닌 태도는 여전했다. 나는 종종 같은 자리에 있는 그를 본 적이 있었다. 몸이 앞으로 기울어진 채, 가파르게 내쉬는 가슴팍 쪽으로 머리가 기울어져 있었다. 그가 쓴 펠트 모자는 얼굴 위에 너울지는 그늘을 만들어 냈다. 오늘은 기분도 최고였고, 안색 도 역시 최고였다. 아마 그는 내가 그를 시험한다고 느꼈을 것이다. 그는 잠깐 내 쪽을 보았는데 나와 눈이 마주치자마자 바로 시선을 자신에게로 내리깔았다. 그러고 나서 내 쪽으로 몸을 일으켜, 점점 더 확장되어 왔다. 하지만 내가 바랐던 꿰뚫어 보는 시선과는 거리 가 멀었다. 그의 시선은 불분명하지만 나에게 잘 고정되어 있었고, 한편으로는 그의 시선이 닿는 범위가 너무나도 넓어 마치 이 많은 사람이 모인 장소의 면적을 다 포함하고 있을 정도로 나를 느릿히 게 주시하고 있었다.

    나의 기대와는 어긋난 이런 방식으로 그가 나를 쳐다보는 동안 그가 미소 짓기 시작했음을 알게 되었다. 고통스러운 작은 미소, 어쩌면 아이러니하고, 어쩌면 부재할지도 모르는. 그 미소는 갑작스럽게 영향력을 발휘했다. 나의 추억 가장 먼 곳에 침투한 고통의 형상으로 다가와 순식간에 나를 상처 입혔다. 그 고통은 단지 그 사람이 겪는 것뿐이다. 그러니까 그것은 그의 고통인, 한 점이 환기하는 것이었고, 우리의 기준도, 무엇보다도 그의 기준도 아닌 방식으로 그가 고통받는다는 생각이 들었다. 그 사실을 그제서야 발견했다고 말하지는 않겠다. 나는 거기에서 너무도 많은 생각에만 빠져 있었다. 나는 그녀를 생각해 내곤 그녀를 부정했다. 유년의 고통보다도 더 끔찍한 고통을. 그에게 너무나 깊이 침투했을 그 고통은, 한계 없는 연약함보다 더 가시화되었다. 고통이 결실을 맺은 것이 바로 이 부드러움이다. 초기에 사람들은 그에게 다음과 같이 물었다. "고통스러우십니까?" 그는 늘상 이렇게 대답했다. "아니요." 이 "아니요"는 아무리 온화하고 참을성 있고, 거의 투명한 희박함에 가까운 것이라 할지라도 우리의 고통을 부드럽게 거부할 수 있었다. 왜냐하면 그는 미지의 고통으로 가득 채워졌기 때문이다. 신음조차 내지 않아서 사람들은 가장 밝은 낮보다도 자명한 고통을 물어볼 수도, 불평할 수도 없었다. 하지만 이 "아니요"는 언제나 "네"라고 대답하는 한 남자에게는 가혹한 것이었다. 그는 은밀한 균열의 지점을 드러내고, 우리를 주시했던 그 영역을 가리켰다. 그리고 실종자들과 같은 우리의 고통조차도. "태도는 친절해도 그는 왜 '네, 조금 고통스럽습니다'라고 말하기를 거부하는 것일까? 이 말은 과연 연대의 기호일까? 그는 자신이 겪는 일을 소통할 수 없을

지도, 어쩌면 그가 겪는 고통을 거두어 줄 사람이 아무도 없는지도 모르지." 그러므로 그는 죽어 가고 있지만, 고통을 느끼고 있지는 않다고 나는 생각했다. 이것이 종말에 다달아 견디지 못하게 되면 고통이 그때서야 되살아날까 봐 우리가 걱정했던 이유였다. 나는 감히 그녀의 얼굴에서 읽어 냈던 것을 말할 수 없다. 내게 일종의 공포감을 느끼며 대답한 그녀가 나를 온통 흔들어 놓았기 때문이다. "그가 고통스럽지 않다는 사실을 어떻게 말할 수 있죠? 생각할 때 그는 고통을 느끼고, 생각하지 않을 때조차 헐벗은 고통을 느껴요." 게다가 그녀는 단순 명쾌하게 덧붙였다. "그에게는 아마도 잠시 잠깐, 고통이 아닌 짧은 생각이 필요한지도 모르죠. 저는 그걸로 충분하다고 생각해요." 그래서 그녀는 그에게 애써 이 찰나의 순간을 마련해 주려 했던 것인가? 그것이야말로 그에겐 고통을 부여잡고, 그녀를 고통스럽게 하도록 허락된 유일의 순간인 것이었을까? 단 한순간, 그러나 궁극의 순간? 이 무슨 고통스러운 완전성인가? 도대체 어떤 감정인가? 그는 그녀와 우리를 어떤 침잠을 향해 끌어들이는가?

이미, 그녀가 좀 전에 그를 동반하면서 그는 게임 테이블 뒤에서 멈추어 선 채로 끌려갔다. 자신의 의지에도 불구하고 그는 확실히 오래 견디지 못했다. 엄청난 소음 속에서, 사람들이 함께 거쳐 가는 것을 보면서 그녀는 그를 접촉하지 않고도 사람들의 행렬 속에서도 그가 불편하지 않게 거리를 두고 가볍게 머물러 있었다. 나는 심장이 죄이는 것을 느꼈다. "자, 바로 일어날 게 일어났다." 그들은 같이 있던 적이 거의 없었기 때문에 그의 곁에서 걷고 있음에도 그녀는 혼자인 것처럼 보였다. 마치 우연히 거기에 있던 사람인 것처럼. 그녀만의 판단으로 가는 것처럼. 멀어지는 그녀의 모습은 나와의 분리를 키웠고, 그것은 좁혀지지 않았다. 나는 그 분리에 어쩔 수 없이 내맡겨진 듯했다. 하지만 그녀는 생각만큼 멀리 가지 않았다. 그녀는 그에게 승강기를 열어 주었고 그가 좌석에 앉을 동안 문을 잡고 있었다. 나는 그들이 함께 올라간다고 생각했다. 하지만 승강기의 도르래가 내는 삐그덕거리는 소음은 다시 그녀가 돌아와도 중단되지 않았다. 나는 그녀에게 자리를 넘겨주고 싶었다. 그녀를 놀리는 것이 하나의 즐거움이 된 지는 꽤 오래되었다. 그녀는 나에게 은근히 암시하려 들었고 나뿐만 아니라 다른 사람들에게도 그랬다. 그녀는 그런 데서 즐거움과 가벼움 그리고 기회를 낭비했다. 그뿐만 아니라 이 기회를 통해 사랑받는 것을 좋아했다. 그러나 이번엔 그녀가 그런 걸 즐기지 않았다. 그녀는 닫히고 굳어버린 표정으로 이만큼 떨어져 있었다. 그녀는 겉으로 보기에는 근심이 없었지만 결코 형상화할 수 없을 불만 때문에 냉담한 태도를 보였다. 나는 곤란해져서 이렇게 생각했다. 만약 그녀가 계속 이러한 상태로 있으면? 나는 그녀를 놀라게 해서 잠을 깨웠던 그 밤을 기억해 냈다. 내가 그녀를 만지자 그녀는 너무도 소스라치며 물러섰다. 설사 그것이 테러에 가까운 것이라 할지라도 실질적으로 그녀를 만지는 것에 성공했는데, 그 순간은 최고의 순간, 다시 일어날 일 없는 최고의 순간이었다. 계속 그럴 수 있을까? 언제나? 그래서 뻔뻔하게 그녀에게 그는 고통받지 않을지도 모른다고 말한 것이고, 그녀는 얼마나 민첩하게 신랄함이 섞인 대답을 했는지. 그 대답

앞에서 지금까지도 그녀나 나나 모두 벗어나질 못하고 있었다. 나는 그녀를 원망할 수 없었다. 그저 그녀가 고통의 공간에 다다르는 것을 막기 위한 일은 아무것도 하지 않은 나 자신을 원망할 뿐이었다. 그 고통의 공간으로 그녀는 분명 몸을 돌려 끊임없이 되돌아갔을 것이다. 멀어졌다가도 다시 되돌아가 부동성과 고요를 지켜 내면서. 그 부동성과 고요함이란 내가 지금에 와서야 조금 이해하게 된 것인데, 그는 내가 거기서 보았던 것과는 전혀 다른 의미의 고요함과 부동성을 지녔었다. 그 고요함은 매우 아프고 매우 고통스러운 사람들 옆에 놓인, 고통스러운 떨림을 덜어 주기 위한 것과 비슷한 것이었다. 하지만 거기엔 어떤 고요함도 양산되지 못했다. 오로지 더 혹독한 침묵, 게다가 험하고도 힘든 소음만이 있을 뿐이었다. 침묵과 소음은 끔찍하리만큼 모든 음악적 성질을 빼앗긴 상태였는데, 여기 있는 모든 장소와 사람들의 드나듦을 괴롭게 만들었다. 마찬가지로 밤마다, 불평과 호명은 동정심을 끌지 못하는 메마른 무엇인가를 지니고 있었다. 그래서 아무도 부르지 못했고 아무에게도 닿지 않았다. 느린 고통은 고통과 그가 관계 맺을 수밖에 없었던 보이지 않는 쇠락과도 같았는데, 이 고통이야말로 그가 아무리 무한한 인내심으로 침묵 속에서 이용하려 해도 소용없는 것이었다. 그 고통은 우리 주위에 있다. 그것이 가벼운 만큼 무겁게, 우리를 밀어내고 갈라지게 하고 끌어들였다 흩어지게 하면서.

  그가 너무 일찍 사라졌다면 무슨 일이 일어날까? 고통이 그를 살아남게 했다면 또 무슨 일이 벌어질까? 그러다 곧 이런 생각에 빠져 본다. 그는 이미 사라졌나? 내가 그에 대해 아는 것이라곤 고통의 침묵을 지키는 생생한 현존이자, 끊임없이 살고, 일하고, 죽는 삶의 무게하에서, 그리고 이제부터는 우리와 함께 머무를 무한의 고통이 상연되는 연극뿐 아닐까? 비천의 사유, 이미 이 고통에 의해 태어난 이 피곤한 고통의 사유, 나를 거기서 벗어나게 할, 그를, 그녀 역시 벗어나게 하고픈 욕망의 사유. 아주 오래전에, 그녀는 넌지시 알려 주었던 것 같다. 하지만 나는 그녀의 말에 주의를 기울이지 않았고 그녀를 되돌릴 만한 아무런 방법도 강구하지 않았다. 그저 상황이 좋아질 거라는 속내 이야기만을 떠올리면서. 그녀는 저녁 시간이면 나가서 잔디밭을 산책하고 싶어 했다. 위생 때문에 출입이 금지된 넓은 주방을 거쳐 그녀는 나를 정원으로 이끌었다. 거기엔 이미 눈이 조금 왔지만 하늘에는 더 내릴 기색이 보이지 않았다. 바로 거기서, 나는 공간이 얼마나 좁고 검어질 수 있는지, 무한 속으로 사라지면서도 우리에게 무한하게 다가오는지 알게 되었다. "하늘이 얼마나 검은지 보세요." 한기와 틀림없이 두려움으로 인한 오싹함,——그녀는 언제나 나에게 저녁에 외출하기 두렵다고 말했었다——그녀에게 검은 하늘을 보여 주려는 나의 강요에 그녀는 혼란을 느꼈다. 그래서 나는 주방에 필요한 활어 수조 저수 탱크까지 그녀를 데려갔다. 우리는 둘 다 거기에 머물렀다. 사위는 너무나 고요했고 물 흐르는 소리밖에는 들리지 않았다. 그 소리는 신비롭고 살아 있는 소음이었는데, 우리의 등장으로 놀란 물고기들의 혼란스러운 동요까지도 느껴지는 소음이었다. 그녀의 기분이 꽤 빠르게 회복되어 일어나려 했으나, 다시금 그녀는 현기증이 와서 급작스러운 두통을 호소했다. 우리가 있는 그곳에는 좀 더 눈이 두텁게 쌓여 있었다. 그녀가 나에게 말했다. "맨발로 눈 속을 밟으면 좀 나아질지도 몰라요. 저를 좀 도와주세요." 나는 그녀의 양말을 벗기고 그녀에게서 떨어져서 땅 위로 미끄러뜨렸다. 그리고 조그맣게 눈을 담아 그녀의 발 위에 끼얹어 눈 속에 파묻히게 했다. 내 쪽으로 다리를 향한 채로 그녀는 가만히 있다가 이렇게 말을 했다. "우리는 이제 집으로 돌아갈 수는 없겠네요." ─ "그러길 원해요?" ─ "네, 지금은요." ─ "그럼 우리는 어디로 갈까요?" ─ "당신이 원하는 곳으로." 건물은 거기서부터 몇 발자국 떨어져 있었는데 건물 그림자에 묻혀 그녀가 보이지 않았다. 그녀는 걷잡을 수 없는 어둠의 힘을 만들어 냈다. 좀 더 낮은 층에서는 희미하게 빛을 내보였으나 높이 올라가자 어둠 속으로 사라졌다. 나는 어떤 변화를 감지했는데 이 말들은 그녀에게 통보하는 것 같았다. 그녀는 모든 것을 일절 후회 없이 포기할 준비가 되었을까? "네." ─ "하지만 당신의 삶 대부분은 거기서 보냈어요." ─ "제 전 생애지만 겨우 한 인생일 뿐인걸요." 나는 그녀에게 언젠가 그녀가 그것을 견딜 수 없을지도 모르고, 만일 그토록 특수한 조건들 속에서 사는 데 익숙해지면 매우 위험해질 것이라고 말했다. "당신 말은 그러니까 제가 재발할 거라는 거죠?" ─ "네 아마도." 그녀는 잠시 곰곰이 생각했다. "죽는 건, 할 수 있다고 생각해요. 하지만 고통은, 아녜요. 저는 고통을 견딜 수 없어요." ─ "고통스러운 게 두렵나요?" 그녀는 몸서리를 쳤다 "두렵지 않지만 견딜 수는 없어요. 그럴 수 없어요." 그녀의 대답에는 지극히 합당한 근심밖엔 보이지 않았지만 그녀는 어쩌면 전혀 다른 것을 말하고 싶었을지도 모른다. 어쩌면 그 순간에 남들이 겪을 수 없는 고통의 현실을 표현하고 싶었는지도 모른다. 또는 그 대답에서 자신이 품고 있던 가장 은밀한 생각들 중 하나를 배반했는지도 모른다. 그녀 주위에선 수많은 사람이 죽음을 거쳐 갔는데, 죽기 위해, 소멸되지 않는 고통의 두께를 뚫고 나올 필요가 없었다면, 너무도 어두워 출구조차 찾지 못할 고통의 공간 속에서 방황하는 두려움을 겪지 않았더라면, 그녀도 똑같이 오래전에 죽었을 것이라고. 나는 그녀의 말에 진정한 관심을 쏟지 않았다. 아니, 그녀를 정면으로 보지 않으려 했다. 하지만 지금의 나는 그 당시 그녀의 말을 이해하지 못했던 것만큼이나 그녀를 다시 붙잡고 있었다. 그녀의 소름끼치는 차가운 현존 속에서, 눈 속의 고요한 풍경 속에서, 한 점으로 화할 하늘 아래서 내가 그녀의 다리와 벗은 엉덩이를 밀착해서 둘러싸고 그녀를 조금씩 조금씩 끌어당겼는데, 결국엔 그녀를 동요시켰던 혼미함 속에 빠져들듯 그녀는 내 곁으로 쓰러졌다.

 우리는 아직 도서관에 있었다. 나는 방으로 돌아가야 한다고 생각했다. 방에 가는 것은 그에게로 올라가는 것이고, 그의 멈칫거리는 발자국 소리가 들리는 복도를 따라가는 것이다. 틀림없는 그의 기척임에도 불구하고 그의 발자국 소리는 다가왔다가, 아주 멀리 올라가 버린다. 그는 마치 멀리 있는 것 같지만 이내 복도를 지나가 버린다. 그가 들어올 것이란 생각은 진지하게 해본 적이 없다. 나는 그가 멈추지 않을 것이라는 사실을 알았고, 어느 날엔가 그에게로 갈 사람 역시 나라는 사실도 알고 있었다. 혼자서? 그렇다. 아마 나는 혼자일 것이다. 그렇다면 그는 이 순간으로부터 어떤 결과를 내놓을까? 나는 무엇을 하게 될까? 스스로 고통을 덜기 위해, 이러한 종류의 고통에 얼굴을 부여해 주기 위해, 그의 침묵으로부터 그녀를 끄집어내기 위해, 그녀에게 억지로 말하게 만들고 그에게까지 이르기를 시험해 보는 것. 그것은 내가 전염될 비명 속에 존재하는 것이 아닌가? 왜 가서 그를 혼란스럽게 할까? 내가 접근해서 그에게 나를 알아야 하는 의무를 왜 부과하는 것이며, 그가 침묵 속에서 다른 방식으로 견디고 있던 가혹한 고통을 왜 자각하게 해야 하는 것일까? 거기에는 필연적인 무언가가 있다. 그뿐 아니라 나도 모르는 나 자신의 어떤 부분에 저항하고자 하는 반항적인 무언가가 있었다. 최후의 인간 때문에 모든 것이 불투명해졌다. 그의 주변에는 혼란스러운 영역이, 혐오를 불러일으키는 방종한 현실이 있었다. 그의 주위에 혹은 어쩌면 그 안에. 그것은 낮은 것이었으며, 그 역겨운 것에 도달하기 위해서는 훨씬 더 낮은 곳으로 내려가야 한다. 그러자 이러한 호명에 응답하는 유일한 운동은 어떤 혐오의 운동이고, 그것은 그를 낮추고, 으스러뜨리고 싶은 욕구와 마찬가지로 그에게 손대고자 하는 욕구인데, 직접적인 폭력에 의해서가 아니라 그의 소멸에 상응하는 음험하고 느린 기다림에 의한 것이었다. 이는 또한 그를 한 얼굴에 다다르게 하는 운동이다. 그는 겁에 질린 큰 손으로 이 얼굴을 가렸는데, 그 손 뒤에는 두려움, 불안, 착란이 쏟아져 내리고 있었다. 그렇다. 그 얼굴을 이지러뜨려서 다시 한번 그에게 돌려주어야 한다. 그 후에야 우리는 자유로워질 수 있으리라. 그것은 바로 자유와 공허의 경이로운 순간인데, 미지의 행복이 만들어 낸 힘과 도약은 그 순간을 통해 우리의 만남을 빼앗아 갈 것이다.

  고통스러운 꿈과 생각들은 내가 만족할 수 없고 자각할 수 없는 것들이다. 그가 했던 것과는 반대로 무언가를 시도해야 한다면 우정의 정신이거나, 생각이 아니라 손, 그를 두드리는 손만이 가능하다. 생각의 이면이 아닌 생각 그 자체여야 한다. 역겨움도 없고, 그를 알려 든다거나, 원하지 않는 생각. 만약 내가 그의 종착지가 되어야 한다면 이 운명은 그를 붙잡아 추락시키지 않는 것이다. 하지만 나는 또 금방 이런 생각을 한다. 그것은 훨씬 더 맥 빠진 일이지만, 나에게 고요하고 보호받는 한 영혼의 신성성을 남기도록 하는 것이라고. 그런 건 있을 수도 없고 만약 있다 해도 단지 공포스러운 것일 뿐이다. 혐오스러운 불행, 아무도 고치지 못한 역겨운 상처, 매정한 사물, 흉측하고 더러운 것, 저속하고도 창피한 내습, 진부한 양심에 지나지 않는 것이다. 그것은 한 번이 아니라 매번, 그것이 추락할 때마다 더 약해지고, 더 고통스러워지는 반면에 자아는 좀 더 힘을 발휘하게 되고, 열광적이며 좀 더 행복해진다. 자, 여기 우리가 갈 곳, 바로 거기에 존재하는 것은 이러한 만남의 진실이다. 이 진실의 내리막. 그녀는 그러한 사실을 알았을까? 만약 그녀가 그 사실을 알았다면, 그녀는 무엇을 생각하고 무엇을 기다리는가? 나는 자문했지만 답할 수도 없었다. 그녀는 그녀가 견딜 수 없는 거의 모든 것에 대해서 때때로 잔인해 보였고, 아니, 그녀는 잔인했고, 편협했고, 냉혹했다. 그녀가 되던지 것은 거칠게 사랑하는 것과 사랑하지 않는 것이었다. 하지만 때때로 무한한 의지와 엄청난 인내심을 보였는데, 예를 들면 짐승과 같은 존재에게 그러했다. 그녀는 그에게 얼마간의 이해심과 짐승들에게 보였던 우정을 보인 것이란 생각이 들었다. 그는 그녀를 공포스럽게 했을 테지만 그녀는 그런 그를 받아들였다. 그렇게 해서, 그녀는 어느 날엔가 내가 했던 말에 대답해 주었다. "당신은 그가 누군지 몰라요."―"네, 저는 그를 잘 몰라요. 하지만 저는 그를 받아들일 수 있어요." 그렇다. 그녀는 그를 받아들였다.

   이 단어는 많은 것을 말해 준다. 내가 한 번 더 우리 사이의 공간을 열기를 바랬었던 것은 이 단어의 빛이 비치는 곳에서였다. 저녁마다 그 말들이 그녀로부터 솟아올라, 그녀를 해방시키고 나면, 그녀는 매끄럽고, 거의 윤곽이 없는 추함에 가까운 얼굴로 언제나 거리를 두고 머물렀다. 그런데 이 얼굴은 내가 열정적으로 어루만지고 싶었던 얼굴이었다. 바로 그 순간이 다가오자마자 나는 재빨리, 매우 부드럽게, 그녀의 얼굴에 손을 대려 했는데, 그녀는 얼굴을 돌리며 고집스럽게 고개를 내리깔았다. 이 아슬아슬한 조심성은 그녀의 외모에 생기를 불어넣는 것이었는데, 그것은 그녀의 태도를 변질시키지 않고 평소 행동에 그대로 묻어 나오는 것처럼 보였다. 내가 그런 점을 불평이라도 할라치면, 그녀는 나의 냉담함이 투영된 것이라고만 여길 뿐이었다. 내가 그녀가 했던 말에 대답하지 않았다는 것은 사실이다. 나는 그녀의 말을 거부하지도 수용하지도 않았다. 나는 의심하지 않았다.―다만 내 안에서 날카로운 그들의 모습이 진동함을 느끼고 있었다―그 지점에서 우리가 함께 했다는 사실을 말이다. 그녀가 다음과 같은 결론을 내리는 데 필요한 건 가벼운 용기뿐이었다. "당신은 그를 보러 가야 해요"라는 내가 오래전부터 기다렸던 말을. 말이 우리 사이에 건립되자마자, 그 말은 우리를 완전히 갈라놓을 뻔했다. 내 차례에 와서 이야기를 이렇게 결론지어서는 안 되는 것일까? 그녀는 이미 거기에 있었다고, 어쩌면 지나치듯이, 어쩌면 허물없이. 그녀는 자신의 방으로 돌아갔는데, 내가 가끔씩 그걸 생각하거나 바랐다면, 그것은 결코 상상할 수 없는 일이었기 때문에 그래 본 것이다. 그런데 그녀는 대체 어떻게 그러한 것을 불문에 부칠 수 있었을까? 어떻게 그것을 가녀린 얼굴 밑에 숨길 수 있었을까? 틀림없이, 나는 그녀에게 물어보지 못했고 그녀에게 물어보길 원치 않았다. 그렇다 하더라도 이 질문은 우리 사이에서 자리를 찾을 수 없었을 것이다.

그래서 나는 그녀가 이 행보를 마치는 중이 아니라, 마쳤을지도 모른다고 단정 지어야 했다. 왜냐하면 그녀는 마치기를 거절당했기 때문이다. 그러므로 그녀는 끝에 이른다 해도 알게 될 수 없을 무언가를 깨닫게 되었다. 그녀 자신의 것이었던 본능적인 운동이 그녀를 거기에 가져다 놓았을지도 모르는 것처럼. 마찬가지로, 그녀는 나에게 그것에 대해 이야기하는 것을 거부했을 것이다. 나 역시 그것을 묻지 않음으로써, 똑같은 거절을 그녀와 공유하게 되었다. 하지만 만약 내가 그녀에게 그것을 물어볼 기회를 찾는 데 성공했더라면 그녀는 곧장 가장 솔직하게 대답해 주었을 것이라고 느꼈다. 그러니까 모든 것은 나에게, 내 질문에 달린 일이었다.

그렇긴 하지만, 거기에 이르는 것이 나에겐 얼마나 어려운 일인가. 내가 그날을 생각하기 위해서는 그 밤을 상기하는 수밖에 없다. 그녀가 나로부터 그토록 먼 거리에 있기를 바랐던 그 밤을. 그 거리는 떨어져 나가기엔 충분해 보이지 않은 단절을 그녀에게 놓아두어서, 오히려 반대로 가깝게 있어야 할 것 같았다. 머뭇거림 없이, 우리에게 이를 수 있고 거짓 없이 서로 말할 수 있는 곳은 오로지 그곳이라고 확신하면서. 이런 유의 거리 속에서 나는 그녀가 결코 나를 소멸시키지 않을 것이라 확신했다. 그뿐만 아니라 나 역시, 그에 따라, 합의가 어려워도 그녀를 파고들 것이다. 그녀에게 부담 주고 그녀를 찾아내는 행위를 포기할 수 있을까? 심지어는 그녀의 졸음을 뚫고, 그녀가 몸을 피하고 있는 침묵 속에서조차 그녀를 끊임없이 괴롭히는 그러한 방식을 나는 자주 자책했다. 내가 그녀를 만졌던 그 밤의 순간 밖으로, 그녀를 튀어 나가게 하는 급작스러운 공포 속엔 절망스러운 것이 있다고 느꼈다. 내가 그 순간으로 돌아갈 때마다 나 자신에게서 언제나 되찾는 것은 이런 움직임의 가장 훌륭한 속성이자, 내가 그녀를 부여잡아야만 가질 수 있었던 즐거움의 감정이었다. 그녀의 무질서를 꺼뜨리고, 그녀의 눈물을 느끼기 위한 빛 때문에 꿈속에서 그녀의 육체는 이미지가 아니라 흐느낌으로 뒤죽박죽된 내밀함으로 나타났다. 현실의 순간은 모든 것을 가라앉히고 모든 희망과 슬픔 그리고 모든 사유를 추월한다. 내 방에서 함께 보냈던 모든 순간을 떠올릴 때면 내가 언제나 기억하게 될 것은 바로 이것이다. 그녀는 발코니에 누워 몇 시간을 보내곤 했다. 약간 유아적인 풍경을 그리거나 전부 여자들의 얼굴만 그렸다. 어딘지 모르게 닮은 그 형상들은 그녀와 연결되었다. 어쩌면 그녀의 언니이거나 지금은 아닌 다른 때의 그녀. 그녀가 이렇게 말했다. "이게 바로 당신에게 보이는 저예요." 다른 어떤 걱정도 없이, 더 이상 어떤 강요도 없이, 자신을 끊임없이 바라보는 나를 쳐다보는 것에 놀라지 않았다. 그녀는 나의 시선에 무게가 거의 없어서 그녀 주위의 사물들을 가볍게 만든다고 말했다. "이건 마치 당신이 혼자 있을 때와 같은 거죠?"—"아뇨."—"그럼 제가 혼자 있었을 때와 같은 건가요?"—"더 이상 그렇지 않아요. 아마도 홀로 있는 당신의 시선과도 같은 거겠죠." 유리창 반대편에서 모포에 둘러싸여 멈추지 않는 그녀의 손이 선을 그리는 동안, 그녀는 이따금씩 고개를 들었다. 내게 보인 그녀의 성향이 유아적이라고 할 순 없으나 미래에 관한 생각으로부터 너무나도 멀어져 있고, 너무나 존재감 있으면서도 존재감이 희박했고, 그러면서도 매우 진지하고 기품 있는 태평함을 지녀서 나는 그녀에게 도취될 수밖에 없었다. 그러므로, 그 감정은 틀림없이 그녀에게 부여되고 있는 인상이었다. 즉, 그녀를 취하게 했던 가벼움의 감정 말이다. 그렇다. 오래전부터, 그녀가 전혀 알지 못했던, 그녀가 그 감정을 제어할 수 있을 것이라고는 결코 생각지도 못했을 가벼움의 정신에 내맡겨졌을 때처럼. "그런데 당신은 조용하시네요."—"네. 저는 조용해요. 그뿐만 아니라 이미, 거의 추억과도 같아졌어요. 추억들 중에서도 가장 멀어진 추억들이요."—"그건 벌써 지나갔나요?"—"네, 아마도 지나갔을 거예요." 하지만 그녀는 그녀가 거부하지 않는 확실성에 대한 불안을 덧붙이는 것을 빼먹지 않았다. "언제나 이 지점, 우리를 뒷걸음질 치게 만들고, 침묵의 한가운데로 되돌아가 버리게 만드는 극도로 날카로운 이 지점이 있어요."—"우리요? 저까지 포함해서요?"—"네. 우리요. 오직 우리." 사실, 그녀는 그녀가 있는 곳에 머무를 수 없게 되었다. 모포를 빠르게 내던지면서 그녀는 방 안으로 스며들어 갔다. 그리고 그녀의 서두름, 열기는, 내게로, 또 숱한 나날들을 보냈던 것과 다를 바 없는 다른 어떤 날들로 이끈 출구를 찾아낼 때까지 그녀를 방에 놓인 가구들처럼 잡아 두었다. 거기, 과거의, 그 공간에서는 사람들이 좀 더 빨리 걷고, 하나가 다른 하나를 따라 슬그머니 미끄러져 가는 것 같았다. 어떤 장소를 향해서 가는 것인가? 왜 이렇게 서두르는 것인가? 때때로, 그들은 떨어져서 서로를 마주 본다. 마치 그들 사이에 다른 추억이 있었다는 듯이. 그것은 추억이 아니라 망각이었다. 원환을 그리고 그들을 떼어 놓는 망각. 그녀는 언제나 그녀 바깥의 죽음을 불안해했다. 그녀가 말했다. "저를 꽉 안아 주세요. 당신이 나를 끌어안는 그 지점에 닿아야 해요." 어느 순간에, 그녀는 무엇인가를 상기하기를 바라기 시작했다. 그녀는 부드럽게 그것을 찾았다. 어떤 불안감과 함께. 물론, 엄청난 직감과 굳은 인내심으로. 만약 그녀가 일어날 수 있었다면 그녀는 분명 그것을 찾기 위해서였을 것이다. 마치 놀이처럼, 방을 가로질러, 온 집안을. "여기?"——"아니면 여기?"——"아니, 여기서 더 멀어요." 그녀가 하는 모든 것 속에는 잃어버린 것에 대한 암시가 있었다. 너무나 조심스럽고도 너무나 은폐되어 있어서 누구도 감히 주의하지 않을 수 없는. 그것은 그녀 뒤로 조금 후퇴했다. 그리고, 그 뒤로, 그것은 그 둘 모두를 이어 주었다. 그녀가 죽었을 때, 그녀는 위안과 체념의 인상을 주어서, 아마도 추억하기 위해 죽었을 것이란 생각이 들었다. 시간이 좀 더 흐른 뒤에, 때는 이미 한밤중이었다. 움직이지 않은 채, 그녀는 나에게 갑자기 이렇게 물었다. "저는 죽어 가고 있는 사람인가요? 당신은요?" 그녀의 물음은 분명히 들리는 말이었다. 그는 그녀에게 기울었고 그녀는 눈을 떠서 마치 그녀가 그에게 했었던 것처럼 부동의 자세로, 심각하고 고독한 눈길로 그를 바라보았다. 그것은 마치 그녀가 그에게 꼭 지키기를 요구했던 약속에 대한 상기와도 같았다.

더 이상 아무도 남아 있지 않은 방들을 떠날 때, 우리가 조용히 올라가는 동안 승강기 도르래의 휘파람 소리 외에는 우리 사이에 어떤 소음도 없었다. 계속 신경이 쓰였던 이 소음을 들으면서 나는 그녀가 나와 함께 금방 시작했던 여행을 끝냈다고 생각했다. 그녀는 엘리베이터의 문을 열 것이고, 나보다 조금 뒤쳐진 채 내 옆에서 걸을 것이다. 전혀 다른 높이에서, 마치 그러지 않을 수 없었다는 듯이, 우리 사이에 몇 발자국의 간격을 두고 말이다. 그녀가 나와 "나쁜 종말"에 처한 순간에. 문들과 문들이 나 있는 이 복도를 따라서였을 것이다. 밤낮없이 흰 불빛이 흐르는 이 좁은 복도에는 어둠도, 아무런 풍경도 없이, 병원 복도에서처럼 끊임없는 소음들이 허둥대고 있었다. 모든 문은 벽과 마찬가지로 흰색으로 똑같이 칠해져, 호실의 번호로밖에는 구분이 되지 않았다. 우리가 거기를 지나갈 때, 모든 것은 닮아 있었다. 마치 터널에서처럼 똑같은 울림, 똑같은 침묵, 발자국 소리, 목소리, 문 저편 뒤로 들리는 소음, 한숨, 행복하거나 혹은 불행한 잠, 기침 소리가 섞인 신음, 호흡 곤란한 사람들이 내는 휘파람 같은 소리, 그리고 때때로, 숨 쉬는 것 같지 않은 자들의 침묵. 나는 이 복도를 좋아했다. 나는 언제나 조용하고, 깊으며, 무심한 그의 삶을 느끼며 그 복도를 지나다녔다. 그곳이, 나에게 올 미래였고 특유의 새하얀 고독 외에 다른 어떤 광경이란 없을 것이라 자각하면서. 이 터널 속에 내 나무들이 자라고, 바다, 구름으로 뒤덮여 변해 가는 하늘, 광대한 들판이 펼쳐지며, 나의 만남과 나의 욕망의 영원성이 있을 것을 알고서.

　우리가 문을 열지 않은 채, 그 앞에 서서 멈추었을 때 나는 무슨 생각에 사로잡힌 것일까? 아무런 생각도 깃들지 않은 슬픈 감정에 의해, 아무것도 요구하지 않고, 아무것도 제기하지 않으며 아무것도 말할 수 없는 사람은 아무것도 미안해할 필요가 없었다. 그것은 바로 우리를 메마르게 갈라놓을 빈 공간이었다. 마치 그녀가 시간의 끝에 서 있었던 것처럼, 나 역시, 그녀가 있는 다른 끝에 와 있다. 그것은 동시에, 공통된 현존과 나란히 존재한다. 그녀는 이러한 필연성을 이해했을까? 그녀는 재빠른 시선으로 문을 살펴보았다. 그리고 나 역시 그러한 시선으로 쳐다봤다. 그러고는 복도가 꺾이는 코너에서 좀 더 멀리 나 있는 그녀의 방 쪽으로 가 버렸다.

2

 일어난 일들을 곰곰이 되새겨 보니, 결국 나는 그를 대면하게 한 고요와 거의 뒤섞여 있었던 것이다. 강렬한 고요. 너무나 가까이 있던 이 말은 실은 그토록 먼 곳으로부터 왔다. 그것은 내가 이해할 수준이 아닌 완전히 나를 넘어선 특별함을 지닌 것이었는데, 그렇다고 해서 나를 거북하게 하는 건 아니었다. 나는 그 고요함을 나의 일부로 흡수했다. 그 고요함은 내게 손대어, 마치 나를 잠잠하게 만든 이 순간의 가장자리에 머물게 하려는 듯이 가볍게 밀어내기까지 했다.

 나는 그 고요에 나의 생각을 덧붙였다. 우리 사이에 진실한 관계는 없었을지라도 나는 어떤 기다림, 조심성, 의심, 내밀성, 고독에 의해 연결된 것 같은 공간을 느꼈다. 이러한 것들은 살아 있는 존재에 적용되는 것들이다. 살아 있는 존재란 인간인가? 아니, 아직 인간이 아닌 것, 좀 더 노출된 것, 덜 보호받는 것 그러나 점점 더 중요해지고 점점 더 현실적이게 되는 것이다. 그러나 이 공간이 나에게 이질적인 것만큼이나 나에게 연결된 무엇은 여전히 미지의 것으로 남아 있었다. 내가 아는 건 오로지 그에게 존경심을 빚졌다는 것이다. 이에 더해, 나는 그를 알지 못한다는 사실 역시 인정한다. 왜냐하면 배려의 야만적 부재를 빚졌는지도 모르기 때문이다.

거기에는 또 하나의 다른 인상이 덧붙여져 있다. 이 공간, 무한하게도 멀고, 이질적으로 보이는 이 공간은 내게 직접적인 출입 통로처럼 주어졌다. 내가 이 고요함으로 화하는 데 성공한다면, 이 고요에 부합한 존재가 되는 데 성공했다면, 내 안에 있으면서도, 나의 바깥에 존재하는 것이 되는 데 성공했다면, 나는 나의 모든 생각뿐 아니라 부동적이며, 무겁고 고독한 생각들과도 균형을 이룰 수 있을 것 같았다. 생각의 피난처에서 나의 생각들은 가볍게 표현되길 멈추지 않을 것이다.

그저 기다림으로 족하다. 하지만 기다린다는 것은…. 나는 확신에 차서 발걸음을 옮겼던가? 너무나 가까이 있는 이 사건에 더 생생하게 주의를 기울여야 했을까? 나는 그 사건에 의해 감시받고 있는 것 같았다. 틀림없이, 나는 스스로를 감시했고, 나의 무관심을 토로하는 이 고요를 주시했던가? 그럼에도 불구하고 나는 그 새로운 상황을 즐기고 있었다. 결코 나는 자유롭지 않았고, 심각한 부동의 몇몇 사유를 제외하고는 나의 생각들은 더 자유롭고 더 가벼웠으며, 너무도 가벼운 나머지 자아의 차원을 넘어선 가벼움의 정신에 나를 양도할 정도였다. 내가 가벼운 정신을 원했다면, 나는 모든 것을 생각할 수 있었을 것이다. 하지만 나는 그것으로부터 나를 확실히 방어해야 했다. 즉 우리는 모든 것을 사유하고, 모든 사유는 우리의 것이라는 훨씬 더 유혹적인 인상으로부터 나를 방어하는 것이다.

나는 이 공간에 명확한 경계가 있다고 단언할 수 없다. 하지만 그는 그렇게 존재할 수 있었다. 나는 그렇게 느꼈다. 내가 그 공간에 들어가자마자 그는 그렇게 존재할 것이다. 아마도 최소한은 그렇게 존재할 텐데, 조금의 의심이 들 수는 있다. 회의는 나의 행보에 위력을 행사한다. 나를 밀어내는 것에서뿐만 아니라 나를 전진하게 만드는 것에서도 마찬가지였다. 그와 나 사이에 우리 둘 다를 지켜 줄 불확실성이 없었더라면, 거기에 나의 유약함과 그의 유약함, 그리고 내 힘을 넘어선, 그토록 결정적이고 그토록 확실한 유약함이 없었더라면 우리 둘 다를 내포하기에 광대한 사유를 예감할 수조차 없었을 것이다.

하지만 나는 그가 구성한 이런 유의 현존을 의심하지 않는다. 내가 거기에 있었던 때부터, 그를 보았고, 그의 존재를 증명했으며, 그에게 가벼운 부담을 주었고, 나의 이마를 얹었다. 나를 붙들고 있는 그것은 얼마나 쉬운 것이었는지, 그와 가까이 지내는 이 관계 속에서는 그와 내가 아무런 방어 없이, 어떠한 결정도 없이 그저 놓여 있었다. 그것은 너무도 단순한 이유에서였다. 그렇게 오랫동안 내 쪽으로 보내는 몸짓을 외면했던 것은 그렇게 하는 것이 편했기 때문이다. 나는 나를 부르는 그 몸짓에 놀라서 피하는 것밖에는 할 수 없었다.

무언가가 나에게 의심은 확신과 언제나 동등하며, 확실성의 본성은 의심과 같은 것이란 사실을 알려 주었다.

기다려야 한다. 그리고 그가 이 기다림을 강제로 앗아 가고, 나와의 접촉을 긍정하고 고요를 통해 나를 기진맥진하게 만들도록 해야 한다. 그에게는 나의 것과 그다지 다르지 않을뿐더러 그토록 엄격할 필요도 없는 한계지점들을 찾아낼 필요가 있었다. 그는 다시 닫혀 버렸지만 나를 움켜쥔 채로 닫혔다. 나는 그의 불안정성에 불현듯 두려움을 느꼈다. 하지만 그가 내게 너무 가까이 다가와서 생긴 이 밀접성에 대해서는 추호도 의심하지 않았다. 그렇다고 해서 친밀성이라고 하기에는 내가 느낀 감정은 이질성보다도 두려움에 가까운 것이었다.

모든 것은 너무나 조용해서, 내게 실행되는 것은 은근하고도 지속적인 압박이 될 뿐이었다. 그것은 극도로 가볍고 극도로 단단한 압박이었는데, 나는 내 저항과 내 기다림을 통해 그것을 그에게 실행할 수 있을지 확신하지 못했다. 나는 어쩌면 어떤 목표에, 아마도 궁극적인 목표, 궁극의 목표들 중 하나에 다다랐다고 믿었는지도 모르겠다. 하지만 고요함은 실재로서가 아니라 하나의 장벽으로, 거리가 아니라 추억과 같은 것으로 우리 사이에 개입하고 있는 것 같았다.

나는 이 정적에 대해 새로이 생각하게 되었다. 위험한 정적, 마치 그 자신에 대한 위험처럼, 위협받고, 위협하지만, 동요하지도 않고 무너지지도 않는 것이었는데, 불투명하지만 가볍다는 이 말이 그것을 가리키기에 정확한 단어일 것이다.

밖에 어둠이 짙어졌다. 그리고 추워졌다. 기다림(정적)은 나에게 저기, 내가 머무를 수밖에 없는 구석 중 한 곳에 있다는 느낌을 주었다. 전혀 다른 영토에 새로운 열림이 있었다. 그 영토는 훨씬 더 덧없고 훨씬 더 적대적이어서, 우리는 어느 쪽이든 똑같이 의심하게 되었다.

공간은 도망치고, 속이고, 두려움에 떨고 있었다. 아마도 공간에는 중심이 부재했을지도 모른다. 그것이 도망침, 기만, 유혹에 의해 방향을 잃게 만든 이유다. 공간은 끊임없이 회피한다. 하지만 언제나 그렇지는 않다. 급작스럽게 내 앞에서 어떤 허기진 명백성이 느껴졌다. 그것은 얼마 전에 느낀 왕성한 식욕과 같은 감정이었는데, 나는 그것을 회피해야만 했다. 마치 그가 지니지 못한 이 중심의 압력에 의해서, 나를 기다리고 있는 고요함에 의해서 그가 내 안으로 끌려들어 오는 것 같았기 때문이다. 나는 그 끔찍한 인상 때문에 뒷걸음질 쳤다. 하지만 나 역시, 교활해졌다. 그에게 만족할 수 없다는 것을, 그리고 나 스스로에게 다시 돌아올 수 없다는 것을 깨달았다. 끊임없이 배회해도 나는 결코 실망하지 않을 것이다. 나는 모든 문화적 양식과 모든 길을 잃었다. 나는 우리를 한데 묶어주거나 우리를 방어하는 부동의 사유만을 굳게 가졌을 뿐이다.

하지만, 나는 가능성을 막연히 예견했다. 그리고 모든 것이 좀 더 가까워지고 현실적으로 변하는 장소들을 자각했다. 좀 더 밀집해 있고 좀 더 현실적으로 변할. 침묵을 나누고, 침묵으로 이끄는 그 장소들은 따라 내려가기만 하면 되는 경사와도 같았다. 각 측면에는, 빛나는 이미지들과 끊이지 않는 소음들이 있었다. 이 소음들은 나를 취하게 하고, 광기에 빠지게 했는지도 모른다. 그 소리는 나에게 움직이지 않는, 높고, 반들반들한 것같이 느껴졌는데, 그 높이는 저 낮은 곳으로 나를 떠밀었고 아래에는 침묵조차 건드리지 못하는 말이 있었다. 그 말은 힘이 있었고 텅 비어 있었으며, 권위가 있으면서도 부드러웠다. 그 말은 여기서 떨어진 매우 먼 곳에서 구사되었는데 공간이라 하기에도 거리가 먼, 마치 바깥에서처럼 공허의 영토 저편에서, 하지만 나의 내면 속에서 구사되었다.

이 말의 동요는 어떤 값을 주고서도 흉내 내지도 동조하지도 못하는 느낌이었다. 하지만 나는 좁다란 도취의 맨 꼭대기에 서서 가벼움의 환영에 반하여 죄어든 채 고통과 기쁨의 감정을 제어하고 있었다. 제어하지도 못하면서 말이다. 그것은 가볍고, 즐겁고, 경이로운 가벼움이자 들리기보다는 보이는 빛나는 구였다. 그 구는 자신의 표면과의 경계를 허물고 끊임없이 증폭하며 증폭 속에서 고요해졌다. 전혀 혼란스럽지 않은 말의 소란함, 그 말은 침묵할 때조차 침묵하지 않는다. 나는 그 언어와 나를 구분할 수 있었지만 그 말 속에서 내게 완전히 귀 기울이며 오로지 듣기만 했다. 언제나 "우리"라고 말하는 거대한 말을.

그 언어 속에서 튀어 오르는 취함의 종류란 나에게서 튀어 오른 "우리"란 말에서 유래한다. 그리고 "우리"는 가둬 두기 시작하는 방을 넘어, 나에게 바다를 향한 어떤 곳, 저편의 자리에 위치한 합창 속에서 나에게 귀 기울이도록 한다.

그곳은 우리 모두가 존재했던 저편이고, 우리의 단일성의 견고함 속에서 세워지는, 그리고 우리가 말한 것이 끊임없이 우리가 존재하는 곳에 자리 잡는 곳이다.

"그럼 우리 바깥에 무엇이 있죠?"──"아무도 없어요."──"그는 멀리 있는 사람인가요 가까이에 있는 사람인가요?"──"우리는 여기도 있고 저기에도 존재하죠."──"가장 늙은 사람은 누구고 가장 젊은 사람은 누구죠?"──"우리요."──"그럼 누가 찬양받아야 하나요? 누가 우리 곁으로 다가오고, 누가 우리를 기다리나요?"──"우리요."──"태양은 어디에서 빛을 흡수하나요?"──"우리, 단지 우리에게서요."──"그럼 하늘은요? 정확히 하늘은 무엇이죠?"──"우리한테 내재한 고독."──"그럼 누가 사랑받을 수 있나요?"

"저요."

불가사의한 대답, 우리를 혼란스럽게 하는 이상한 웅얼거림. 목소리는 약하고, 마치 도마뱀 가죽이 마찰되는 소리처럼 가냘프다. 우리는 세계에 덧붙여진 큰 힘을 가졌다. 하지만 그것은 침묵한다. 다른 한편은 동물의 것인데, 너무나 육체적인 소리다. 미세하지만 그것은 우리를 동요하게 한다. 습관적이긴 하지만 그것을 듣는 것은 불안한 일이고 놀라울 정도의 승화를 요하는 일이다.

커다란 행복의 감정, 그것은 바로 우리를 떼어 놓을 수 없는 것으로, 오늘날의 영원한 빛줄기 같은 것이며, 최초의 순간에서부터 시작되었고, 이제 와 영원히 지속될 것이다. 우리는 함께 머무를 것이다. 한 세계에서 다른 세계에 걸쳐 우뚝 솟은 산을 향하는 것처럼 우리는 우리 자신을 향해 몸을 돌려 함께 살아왔다. 결코 멈추지 않고 한계도 없이 그 도취는 더욱더 취해만 가고, 더욱더 고요해져만 간다. **우리**, 이 단어는 영원히 자랑스러울 것이다. 이 단어는 끝없이 비상하고, 마치 어둠처럼 우리 사이를 지나며, 언제나 모든 것을 본 시선처럼 우리의 눈꺼풀 밑에 존재하고 있다. 이 단어는 우리와 몸을 밀착하고 있는 아무도 모르는, 감은 눈과 닫힌 입과 같은 아지트와 같다. 우리는 어떻게 이 사물들을 볼 수 있을까. 낯선 이 태양과, 끔찍한 이 하늘과 같은 사물들을. 하지만 우리는 그것을 근심할 필요는 없다. 태평함은 우리가 만들어 낸 선물과도 같은 것이다. 최초의 순간이 오자마자, 매우 오래된 것으로 화한다. 고도 위에 올라와 있는 것 같은 감정, 높이와 깊이와 심연이 뒤섞인 거대한 기둥은 무한의 증폭을 우리 가까이에 가져다 놓는다. 그것은 점점 더 파괴 불가능한 것이 되고, 점점 더 부동적으로 변한다. 여기서 영원은 끝이 났지만 끊임없이 증폭되어 간다. 이 같은 한 발견은 금방 승인될 것이다. 시작이라 할 순 없지만 영원한 자각으로 도약. 끝은 아니지만, 항상 채워진 채로 있으나 언제나 열망하는 희망. 이러한 생각은 조금도 우리의 어깨를 무겁게 하지 않는다. 그 생각은 전혀 성대하지도, 장중하지도 않다. 그 생각은 가벼움 그 자체며 우리를 웃게 하며 바로 거기에 가로질러 갈 우리의 방법이 있다. 경솔함은 우리가 가진 가장 좋은 것이다. 우리는 경솔해짐으로써 우리와 자신을 이으며, 우리를 전복하는 것은 마치 우리 안에서 알지 못하는 중심을 건드리는 것과 같다.

때때로 하늘은 자신의 색깔을 바꾼다. 검게, 하늘은 좀 더 검게 변한다. 하늘은 검은 것보다 더 검은 빛을 띤다. 헤아릴 수 없는 것은 이미 후퇴한 것이라는 사실을 알려 주기라도 하듯이 그는 어조를 높인다. 나는 아마도 내가 혼자라는 사실을 떠올리는 것만으로도 불안해질 것이다. 그는 또 이렇게 말한다. 하늘을 제외하고 모든 것은 우리에게 공동의 것이라고. 바로 이 지점을 통해, 우리 고독의 일부가 지나간다. 또 그는 이렇게 말한다. 이 일부는 우리 모두에게 동일한 것이며, 바로 그 지점에서 우리는 분리에 이르러서도 하나로 존재한다고. 다른 어디가 아니라, 단지 그곳에서만 결합된다고. 그것은 궁극의 목표가 될 것이다. 우리 자신들의 한가운데서밖에 소통되지 않는, 미세한 농도 차에 의해 검은 것이 더 검어지는 매 순간이 그것을 증명한다. 그러므로 이 기호에 실재성을 부여하기 위해 각자가 비밀스럽게 말하는 그것은, 오로지 우리에게만 들리게 했던 그것을 밝혀 줄 공동의 비명 속에서 사방으로 올라간다. 끔찍한 비명. 아마도 그것은 언제나 그 자체일 것이다. 높이 올라갈수록 더욱 끔찍한 그 비명은 변하지 않는다. 하지만 우리는 그것이 하늘을 보고도 아무것도 느끼지 못한 변용에 부응하기 위해 지각할 수 없을 만큼 변형된다는 것도 알고 있다. 그 점이 바로 비명이 끔찍한 이유다.

하늘이 어떤 점이라면 우리는 견딜 수 없었을 것이다. 그래서 나에게서 만나는 우리의 사유가 오게 된 것이며, 그 사유는 나를 덮고 나를 보호한다. 마치 베일처럼. "그렇다면 나는 어떻게 그것을 견딜 수 있을까? 하늘이 우리에게 바늘 끝처럼 박혀 든다는 말인가?"―"그렇다. 바로 그 말이다."

그러니까 내 추억들의 가장 먼 곳을 파고드는 긴 바로 이 짐이다. 거기는 가장 큰 고요가 지배하는 곳이다. 그것은 유일한 순간이다. 우리는 거기서 기대하지도 않았던, 무엇인가에 확실히 도달했다. 그 일은 급작스럽게 일어났고 전혀 다른 것이 도사리고 있는 순간에 나타났다. 우리는 일어난다. (자고 있다면) 움직이지 않고, 달렸다면(아마도 도망치는 중이었을 것이다) 정확하게는, 우린 멈춰서 숙고하듯이 머리를 기울였다. 사실, 나는 그것을 기억도 하지 못했다. 말은 우리에게 그것으로 대화를 시도하고, 이미지는 우리에게 그것을 보여 주고, 기억은 그것을 마주치지 않는다. 우리는 아무 소용도 없이 우리 뒤에서 흔들린다. 하지만 나는 아마도 거의 모든 것에 가깝게 많은 것을 기억했다. 지금 이 순간에 그랬다는 게 아니라, 그가 있는 쪽으로 향하게 되자 나는 좀 더 과감한 움직임 때문에 극도의 날카로운 지점, 그런데 점점 내게서 멀어져 가는 점에서 헐떡였다. 우리가 하늘이라고 부르는 검은 점, 이 유일의 변화하는 점은 더 검어지고 더 날카로워져서, 어느 순간, 우리는 즉자 앞에서 그것을 발견하게 된다. 그리고 그 점은 우리를 뒷걸음질 치게 하고, 우리의 가벼움이 우리를 영원히 배출해 내는 고요의 한가운데로 되돌아오게 하는 바로 그곳에 존재할 것이다.

그러므로 무엇이 우리를 고요함에서 뒷걸음치게 만드는가? 도대체 왜 균형을 이루어도 또다시 깨지는가? 어째서 이 감정은 고요의 순간 주위에서, 추억을 낯설게 만드는 이 차가운 순간 주위에서, 우리로 하여금 밤을 지새우게 하는가? 우리는 어째서 이것이 지식이 아니라는 사실을 알 수 있을까? 질문은 알게 모르게 우리를 일깨우고, 하나에 다른 하나가 꼬리를 물고 우리에게 던져지고, 행복한 어느 날의 균형이 바로 우리 자신의 균형이 된다.

언제나 '네'라고 말함에서 오는 행복. 우리는 그것을 끝없이 확인한다. 우리는 이와는 다른 날들을 알고 있다. 바로 그 과거에서, 우리는 좀 더 빨리 걸었던 것 같고, 한 사람이 가면 다른 사람들도 따라서, 슬그머니 미끄러져 갔던 것 같다. 어디로? 왜 이렇게 서두르는가? 때로는 어떤 추억이 우리 사이에 있었던 것처럼 서로를 마주 본다. 그것은 추억이 아니라 망각이고, 일순간의 접촉이며, 원을 그려서 우리를 고립시키는 희망이었다. 그것이 과거인가? 이 얼굴은 갑자기 보이는 것인가?

우리는 이런 나날을 알고 있다. 이 나날은 어제가 아니라 영원히 도래할 나날이지 이미 지난날들이 아니다. 우리에게서 나오는 이 투명함으로 인한 기쁨, 벽을 뚫어 버린 놀라움, 그리고 모든 길을 통해, 오류도 없고 의심도 없이 우리 자신을 향해 가는 놀라움. 어째서 모든 것이 바뀐 것일까? 어째서 영원이라 불리는 것은 쓰이기를 멈추는가? ─**"아무것도 변하지 않았다. 그것은 단지 너에게 지나간 영원성을 알게 해준 것일 뿐이다. 말할 수 있게 되기까지는 충분히 네가 고양되어야 한다. 그것은 너에게 유보된 의무 같은 것이다."**

나는 이 말을 믿지 않는다. 하지만 나는 더 이상 그에게서 도피할 힘이 없다. 이것은 마치 내가 계속 그 말을 들어야 하는 것이나 마찬가지다. 그녀 역시 마찬가지다. 이전에 그녀를 믿지 않는다는 것은, 그녀가 파 놓은 비탈진 경사로 그녀보다 빨리 추락하는 것 같았다.

가벼움의 정신. 우리는 그것을 기만해서는 안 된다. 우리가 그 정신과 분리되는 때는, 바로 불변의 사유가 만들어 낸 감정이 부동의 감시의 감정으로 변질될 때다. 그녀는 보호하면서도 "가벼운" 무게를 지녔다. 그녀의 무게는 우리를 추락하게 만드는 중력보다 더 무겁지는 않을 것이다. 우리가 좀 더 멀리 떨어진다면 우리는 어디로 떨어질까. 만약 우리가 가혹하게, 온당치 못하게 무거워진다면? 이런 질문이야말로 이미 우리를 대답 속으로 추락하도록 몰아넣는 무게가 아닐까?

이 질문에 대한 답은 어쩌면 우리가 고요함 속으로 다시 떨어져야 얻을 수 있는 것인지도 모른다. 그 고요에서 나오려면 오로지 가벼움에 의지해야만 한다. 왜냐하면 그에게선 모든 것이 거기에 머무르기엔 너무나도, 무한정 가벼워지기 때문이다.

"그들은 죽을 것이란 말을 하는 것, 그런 말을 듣는 것을 두려워하지 않나요?"──"아니요. 왜 두려워해야 하죠? 그건 오히려 안심이 되는 일이죠."──"그게 바로 그들의 무관심과 한없는 경박함을 증명해 주는 것이죠."──"하지만 그 죽음이라는 것은 정확히는, 가벼워지는 겁니다."

이런 유의 대화 속에는 왜 근본적인 불안이 몸을 숨기고 있는 것일까.

부동의 사유. 그것은 나를 구속하지만 어쩌면 보호하는 것이다. 답을 주지 않는 완고한 사유이자 오로지 거기에 있는 사유, 올라가지 않는 너, 바로 무겁고 고독한 사유, 그 속에는 분명히 점이 숨어 있는데, 극도로 세밀하면서도 조금씩 멀어져 가는 그 점은, 끊임없이, 어떤 폭력도 없이, 그러나 차가운 구속을 통해 나를 망각으로 후퇴하도록 이끈다. 나는 대답하지 않는 너와 대화하고 싶다. 그것은 내게 허용된 일이다. 나는 고요하게, 천천히, 멈추지 않고 말할 것이다. 설사 내가 말하지 않는다 하더라도, 이 말과 내가 관계를 맺지 않았다 할지라도, 나는 그것을 저절로 표현하게 되었다. 어째서 모든 것은 끝나지 않는가? 어째서 나는 너에게 묻는가? 왜 너는 거기에 있는가? 내가 머무는 공간처럼, 그리고 내가 연결되어 있다고 느끼는 그 공간과 함께? 너는 결코 말없이 있지 않았다. 모든 것에 무관심할 뿐. 심지어는 침묵에 대해서조차 무심했다. 내가 너를 향할 때, 너는 나를 놀라게 하는 움직임을 보이며 차갑고, 은밀하고, 이질적으로 접촉했다. 마치 나는 나에 대해 생각해선 안 되고, 생각할 수도 없었던 것처럼.

왜 너는 내가 그것을 원하면, 네가 보일 거라고 믿게 만드는가? 너는 왜 모든 것으로부터 나를 떼어 놓는 은밀한 말들로 너에게 말 걸게 하는가? 너는 나를 보호하는가? 아니면 나를 감시하는가? 왜 나의 의욕을 꺾지 않는가? 하나의 기호로 좀 더 공고한 압박을 하는 건 쉬울 것이다. 그리하여 나는 말할 준비가 되었다. "네가 원하는 것이 무엇이든, 나는 포기한다." 너는 오로지 거기에 있다. 그리고 너에게 이른 말들은 벽에 도달하고 벽은 내가 들을 수 있도록 그것들을 되돌려 보낸다. 벽, 진정한 벽, 네 개의 벽면은 나의 머무름을 제한하고 그것으로 독방을, 모든 이 가운데의 빈 중심을 만들어 낸다. 왜? 내가 맡아야 하는 것은 왜 이런 역할인가? 나에게서 무엇을 기대하는가? 나는 이 고요 속으로 들어가지 않고, 과거에도 들어가지 않았었던가? 무엇이 나를 고요에서 끌어냈는가? 이 고요는 파괴될 수 있는 것인가? 벽이 무너졌는데도 우리는 어째서 기억도 나지 않는 이 차가운 순간에, 그의 곁에서 계속 밤새우는가?

모두가 밤샘하는 것은 사실일까? 아마 단 한 명도, 아무도 아무것에도 밤새우지 않을 것이다. 우리 모두가 끝없이 오고 가는 고요의 한가운데에 우리는 훨씬 더 불안정하게 훨씬 더 흔들리며 있을지도 모른다. 하지만 그것은 오히려 근원적인 휴식의 호흡이다.

"잠잠히, 잠잠히 있어 봐. 내게 원하는 게 뭐지? 무엇을 원하는 거지?" ─ "그래, 궁금한 걸 물어봐. 그게 진정하는 데 도움이 될 거야." 어째서 이 말을 해야 하는가?

낯선 이미지. 이것은 바로 각자가 죽음의 순간에 진입할 때 맞이하는 내밀한 고요를 가리키는 것이다. 평화와 침묵이 그들의 자리를 찾을 때, 각자는 자신만의 역할을 하지 않고 공동의 정신에게 주어진 신비한 선물에 의해 그것을 기억해 내고, 자유롭게 놓아두지만 결코 방치하지는 않는다. 그것은 쟁취해야 할 것도 아니고, 주어지거나 놀라운 것도 아니다. 그래서 최후의 심판은 각자가 휴식의 찰나에서 벗어나는 순수한 증여가 될 것이다. 하지만 우리를 침투한 이 고요함, 거기서 우리는 우리를 밀어 넣는 진리를 길어 내고 우리를 하나 되게 하는 도약을 얻는데, 각자가 죽어 가면서 먹이는 이 원천은 그럼에도 우리가 영원한 마음이라 감히 명할 수 없는 것이다. 이질적인, 이질적인 사유. 나는 그것을 정면으로 바라본다. 그뿐만 아니라 아무것도 그 사유를 더럽힐 수 없다. 아무것도 그 사유를 간섭하거나 강요할 수 없다. 우리를 구속하면서도 어쩌면 우리를 보호해 주는 것인지도 모를 너의 내면에서, 너는 부동의 자세로 고독하며 무겁게 존재하는데, 생각들은 가볍고 금방금방 발생하기 때문에 모든 것이 완벽하게 순결하고, 행복하고, 즐거우며, 공허의 찰나가 만들어 내는 미소와 안녕으로 화한다. 어떤 것도 그와 같은 생각들보다 더 부드러울 수는 없다. 그 생각들은 자유롭고 우리를 해방되게 하며, 생각한다는 것은 아무것도 생각하지 않는 것이다. 그리하여 우리는 끊임없이 묻게 된다.

왜 나는 너만을 믿는가? 나는 너와만 연결된 것 같다. 너의 뒤에 하늘 자체인 이 점이 숨어 있다 할지라도, 공허한, 점점 더 공허해지는 고통은 어쩔 수 없이 보이지도 않고 영원히 지속되며, 나를 밀어내 더 이상 끌어당기지 않는 고요한 압박으로 나를 뒷걸음질 치게 한다. 나는 너에게 말 걸고 질문하고 또 말하기를 시도한다. "나는 네게 말 건다. 너에게 말한다." 언제나 내게 우리라고 말하는 도취로부터 나를 보호해 주는 것은 폐쇄성이다. 네가 나를 속인다 해도 나는 그걸 원한다. 네가 만약 무라면 나 역시 너와 함께하는 무가 되리라. 너를 고갈시키는 나를 네가 기다려 주기만 한다면, 나는 너에게 나 자체인 이 공허를 보내고, 궁극의 목적지가 존재한다면 너의 도움으로 거기에 도달할 것이다.

네가 표상할 덫의 사유를 내가 밀어낸 게 아니다. 어쩌면 내가 죽지 않을지도 모르고, 나를 얻으려 네가 거기에 있을지도 모른다. 너의 인내심과 내가 신뢰했던 너의 조심성에 의해 자유는 곧 도래할 고요의 순간을 희생한다. 고요함은 이미 주어졌다. 그것은 획득할 수 없고 주어지지도 않으며, 죽어 가는 자가 내면에 죽음 자체의 순간을 받아들이는 마지막 작업의 열매이자, 개화와 균형이다. 결국 그렇게 된 일이다. 너는 더 이상 그 사실을 부인하지 못할 것이다. 이 순간이 거기에 다다른 누군가에게 맡겨졌다면, 그에게 다른 순간은 더 없을 것이다. 그럼에도 고요는 마음으로 흘러들어 가야 한다. 그래서 이 신비스러운 증여인 자유로운 판단이 완료되어야 한다. 아, 언제나 '네'라고 말할 수 있는 행복이자 새로운 관계에 의한 놀라움이고 더 오래된 것의 명확성이며 최초의 가벼움으로부터 내게 온 호명, 나에 의한 생각이 아닌 생각, 그 사유는 지고의 장소들을 향해 거슬러 올라간다. 극도의 민첩성으로 나를 이끌어 가면서도 완전히 다 데려가진 않는다.

이러한 경우에 경험은 다음과 같은 사실을 증명한다. 나에게 매달리는 너의 무게를 통해 너는 나를 보호한다. 그리고 너는 나를 보호하면서도, 공동의 고양됨, 공동의 낙천성, 이 거대한 말에서 나를 추방한다. 그녀가 내게 오자마자 무한한 기쁨의 감정이 생겨났다. 그녀는 함묵해도 말을 멈추지 않고, 내게 스며들었으며, 나는 그녀 옆에 머문다. 나는 또한 내가 그녀를 저만치쯤 앉히길 바랐던 바다를 향한 어느 곳에서 여러 무리 지은 사람들의 웅성거림 속에서도 그녀의 목소리를 분간해 낸다. 하지만 너는 왜 나에게 아무것도 주지 않으며 아무것도 약속하지 않고 속임수와 시련의 지점으로 사라지는가? 왜 너는 가장 높은 곳에 있는 지고의 것으로 나에게 나타났는가? 어떤 행복보다도 더 행복한, 수평보다도 더 공평한 너는 누구인가? 공간의 일부인가 공간 속의 지점인가?

이 독방의 내부에는 너도 알다시피 누군가가 존재한다. 나는 그것에 대해 말하지 않는 편이 더 좋다. 내 생각에, 그것은 이미지다. 너와는 달리, 변치 않는 사유가 방금 형상화되어 우리 모두에 반영된 모든 것을 빛나게 했다 사라지게 만든다. 그리하여 우리는 가장 거대한 세계를 가지게 되고, 빛나는 내밀함 속으로 우리를 투사하는 무한한 반짝임에 의해 우리 각자 속에는 모두가 반영되는 것이다. 그 빛나는 내밀함에서 각자는 스스로에게로 돌아가고, 모두의 반영으로서만 조명된다. 그리고 우리 각자와 마찬가지인 이 생각은 반영된 세계의 반영인데, 우리의 가벼움에 대한 화답은 이 가벼움에 도취하게 만들고, 눈부신 구의 무한 속에서, 우리를 우리보다 가볍게, 더 가볍게 만든다. 눈부신 그 구는 표면으로부터 유일한 반짝임에 이르기까지 우리 자신이 교환되는 영원으로 존재한다.

왜 우리는 그것을 생각하는가? 왜냐하면 우리는 모든 것을 사유하기 때문이다. 모든 사유는 우리 것이고 설령 그것이 세상에서 가장 무거운 것이라 할지라도, 그 사유에 우리가 닿자마자 그것은 도약하기에, 우리를 그 사유와 함께 데려가기에 충분히 가벼워진다.

너를 등지는 건, 내가 기대고 있는 사유를 등지는 것과 마찬가진데, 내 이마를 짓누르는 견딜 수 없는 이마의 무게, 그 무게는 이따금씩 이미 차가운 공간이 되어 버린, 불모의 공간이 되어 버린 과거의 감정을 부여할 때 실행되는 것이다. 왜 나는 너를 바라보아야 하는가? 너는 나를 지키는가? 그것은 중대한 염려다. 전체에서 한없이 멀리 있는 전체 속에서 살아가기, 그리고 마치 무게처럼 가벼움을 견디기, 너에게 다다를 수 없는 말을, 내게 설명하지 않는 말을 너에게 말하기, 누군가 머무를 작은 방과 같은 엄격하게 격리된 상태로 머무르기 위해 너 자신을 확고부동하게 만들기.

나는 너를 부동의 상태로 있게 해야 한다. 그리고 너의 한계지점들을 밤새 지켜야 한다. 나는 의심을 극복해야만 한다. 너의 부동성이 휴식의 순간도 없이 존재하고 너의 굳건한 현존은 무한한 후퇴가 될 것이라는 의심을. 네가 분리된 건 나에게서인가? 내가 가지지 못한 이 사유들로부터인가, 너에게 도달할 수 없는 말들로부터인가? 너는 나에게 위험을 경고하길 원하는가? 너는 말하고 싶은가? 너는 너를 흔든다. 너는 불안하다, 너는 흔들린다, 나는 그것을 느낀다. 그게 바로 또한 나를 흔든다.

  나는 잠시 누웠다. 네 옆은 얼마나 고요한지. 여기 이 공허가 얼마나 큰지. 우리는 함묵하는 것 같았다. 작은 창을 통해 빛으로 둘러싸인 기억이 들어온다. 그것은 어디든 뚫고 들어가는 차가운 명증함이다. 즉 공허를 만들고, 공허한 명증성 자체가 되는 것이다. 네 특유의 엄격함으로 가차 없이 경계를 지었던 이 방이 기억난다. 그래서 나는 거기로부터 나올 수 없었다. 왜냐하면 여기는 이미 바깥이 지배하는 곳이기 때문이다. 모든 것이 명확하기에, 실제보다 더 정확하다. 너는 어둠을 모른다. 밤의 어둠이 고독한 부동의 빛이라니 이상하다. 나는 네가 만든 공간을 설명할 수 있으리라. 만약 알지 못했어도 바깥으로 몸을 기울이면 빛으로 화한 복도를 볼 수 있다. 내가 거기로 들어서면, 이미 내 발걸음은 만남을 향해 간다. 그러나 나는 나가지 않을 것이다. 나는 모든 사람이 방황하는 것을 보았는데, 이는 쉼 없이 왔다 가야 하는 밤의 웅성거림에 굴복하는 비슷한 얼굴들이었다. 기만적인 믿음, 불모의 서두름, 밤의 호흡 자체인 오류. 왜 서두르는가? 어디로 가는가? 내 말들이 향한 곳은 바로 여기인가? 내가 누군지 알 수 없는 나를 그 말들은 어디로 끌고 가는가? 나는 그 말들 속에서 공허한 영토로 향하는 이 형상을 느껐다. 그런데 너는 왜 내가 소음 속으로 흘러들어 가는 것을 막는가? 왜 너는 나를 나의 바깥에 존재하는 모든 곳에 가두는가? 왜 너는 내면에 들리는 말과 나를 떼어 놓으려 하는가? 마치, 한순간에 모든 것이 갔다 되돌아 나오는 오류로부터 돌아서게 하려는 것처럼. 말에는 나를 복종하게 만들려는 완곡한 명령으로 나를 고립시키는 부분이 얼마나 많은지. 네가 나를 가두었기 때문에 나는 그 말에 저항할 뿐이다. 하지만 나는 그 말에 언제까지나 저항하지 않을 것이다. 나는 그것이 불안할 뿐이다. 어느 날, 나는 내가 모르는 단어를 말할 것이다. 그리고 그 단어는 나를 기다리는 침묵에 좌절한 나의 기호가 될지도 모른다. 그런데 너는, 이 단어를 말하게 하려고 거기에 있을 것인가? 내가 나에게서 그것을 자유롭게 획득하기 위해 사랑하는 말의 형상과 형태를 너는 포착했는가? 너는 누구인가? 너는 아마도 네가 누구인지 모를 것이다. 하지만 너는 누군가일 수밖에 없다. 그렇다면, 누구인가? 나는 그것을 묻는다. 나는 단지 그것만을 묻지 않는다. 우리의 말들은 너무나 가벼워서 끊임없이 문제를 양산한다.

  내가 다시 나의 분리된 실존을 믿기 위해, 그리고 내가 이미지들의 진실을 믿기 위해 필요한 것은 사소한 것일 뿐이다. 하지만 그것은 추억이고, 우리가 '나'라고 말할 수 있는 그 시간은 좁고 위험하다는 것을 나도 안다. 마치 그것은 하나가 다른 하나 위에 옮겨 살 불꽃과 같은 것인데 그것은 공동의 밑에 응답하기 위해 누군가를 지목한다. 그렇다면 무슨 일이 일어날 것인가? 낯선 목소리, 땅속에서 나오는 불분명한 웅얼거림, 날카로운 비명, 무미건조한 소리가 들린다. 그것은 우리를 불안하게 만들고 듣기를 강요한다. 그런데 대체 말하는 이는 누구인가? 단 한 개의 단어는 무엇인가? 원환을 깨뜨려 해방시키는 너무나 무거운 감정이 그 위에 집중되고, 우리 안에 존재하는 무거운 것을 거기에 다시 떨어뜨리는 단 한 개의 단어는 무엇인가? 그것은 사실인가? 우리가 사랑에 대해 너무나 가볍다는 것, 가벼움에 너무나 결합되어 있어서 서로 사랑할 수 없으리라는 것 말이다.

도무지 납득할 수 없는 금기의 관계에 내가 너와 엮여 있는지도 모른다. 네가 있는 그곳에는 고통을 느낄 수 없어서 발생한 것 같은 고통, 삶의 어두움과 기억의 가장자리로 밀어내는 고통이 존재한다. 너를 그토록 고독하고 심각하게 만드는 사람은 그녀다. 우리를 결합하게 만들면서도 너에게 무게를 부과하는 관계들에도 불구하고, 나는 그것이 두렵다. 무엇이 우리를 이어 줄까? 아마도 그것은 무관심일 것이다. 필연성일 것이다. 그것은 이름 붙일 수 없는 것이다. 네가 얼마나 고통스러워하는지, 나는 오래전부터 짐작하고 있었다. 내가 짐작하지 못한 건 고통이 아니라 침묵하는 너의 투명함 속에 있는 것이자, 분명히 투명함 그 자체인 것, 빛과 같이 조금의 어둠도 없는, 모든 것을 뚫고 나를 바깥의 모든 것으로부터 지켜 주는 것이었다. 나는 너를 보호하고 싶다. 나 역시, 느낀다. 멀리서 정말로 멀리서, 나를 넘어, 고통스럽게 거쳐 가는 암묵적 동조처럼 관계는 고통 속으로 들어오고 그것은 바로 나의 사유가 될 것이란 사실을.

그것은 웅성거림이다. 더딘 불은 그 웅성거림을 따라 다른 세계를 다 태우고, 어느 한순간에 그것을 내적 운동으로, 내밀한 단일성으로 드러나게 한다. 그 불은 거대한 건축물의 생생한 설계도를 드러내기 위해서 타오를 뿐이다. 불은 단일성을 통해 건축물을 무너뜨리며 건물을 태워서 건물을 드러나게 한다. 위대한 건축물은 단일한 빛 속에 모든 것을 계시하기 위해 중심의 불을 꺼뜨릴 수 없다. 우리는 모든 것이 타는 그 순간에 이르렀다. 모든 것이 활동하던 무수한 개개의 화덕에서 우연한 순간에 즐겁게 소멸된다. 원하는 곳에서 원하는 만큼, 각각의 불들이 지닌 차가운 열정과 함께. 우리는 불의 문자로 만들어진 빛나는 기호가 될 것이다. 그것은 모두에게 쓰였지만, 오로지 내 안에서만 읽히고 웅성거림으로 공동의 확실성에 대답하는 것이다. ── 오래전에, 그리고 우리 각자에게 존재했던 ── 이러한 믿음은 너무 희미해서 거의 꺼져 가는 불의 고통과 슬픔 이외에는 아무것도 아니라 여겨진다.

우리는 어쩌면 사랑하는 게 아닐지도 모르고, 신비한 질서에 관한 사유를 기꺼이 견디지 못할지도 모른다. 그 사유란 우리의 변덕이 지고한 우연성이라 규정했던 것이자 영원한 우연성이 만들어 낸 놀라움으로 규정해 놓은 것이다.

너는 정말로 단 한 개의 사유 속에만 존재하며, 무한히 지속될지도 모르는 이 고통을 통해서, 공간을 가로질러 모였다 흩어지는 부동의 현존으로 남을 것인가? 내가 다시 고통을 느끼게 되는 곳은 네 안인가? ── 나와는 너무 먼 내 안에서 알 수 없는 주어짐처럼 고통이 나를 스친 후부터, 받아들일 수 없던 이 고통과 이 이상으로 더 음울하게 만들 수 없을 법한 슬픔까지 너에게 주었다.

내가 붙들지 못했던 화살은 그에게 휴식을 허락할 목표물을 네 안에서 찾으려는가? 그것은 더 이상 잡을 수 없는 것이기에 다음과 같은 사실을 고백해야 한다. 나는 고통을 느낄 수 있는 존재도 아니며, 아주 작은 찰나의 고통스러움을 대면하는 것조차 가능한 존재가 아니라고 생각한다. 이 말이 어째서 여기 나왔는지, 그 말이 환기하는 것이 무슨 뜻인지, 그 말 안에 어떤 힘이 있는지 몰랐다. 사유에 얼마나 많은 고통과 슬픔이 주어지는지, 안타깝지만 그것은 틀림없는 숙명이다. 작은 사유들은 좀 더 가벼울 것이고 우리보다 더 우리에게 가까이 다가가며, 전체보다도 더 가깝고 우리의 믿음과 실체 자체인 이 고요 속에 좀 더 고양된 상태로 존재하게 될 것이다.

나를 고통스럽게 하는 건 바로 생각이다. 생각 속에서 나는 존재하지 못할 정도까지 자아와 너무나 멀어져 고통스럽다. 너, 너는 투명성의 중심에서 우리에게서 가로챈 고통을 보유한다. 나를 너의 운명에 무관심한 사람이라 생각하지 말아라. 예상보다 더 가까이 너에게 붙어 있을 것이다. 하지만 우리가 얼마나 허무하고, 가볍고, 무의미하고 진리를 박탈당한 채로 있는지 생각해 보아라. 그래서 항상 불안정하고, 말하기를 멈추지 못하는 그것에 대해 늘상 말하게 되는 것이다. 밤낮으로, 밤낮으로, 우리는 저기, 비밀이 부재하는 상태로 존재한다. 설령, 그곳이 범접 불가한 곳이라 할지라도 너의 압박하에 뒷걸음질 치는 것만큼의 존재이며, 아무것도 비밀이 될 수 없고, 아무것도 앞서 존재하지 않은 자가 누구인지를 밝힐 수는 없다. 그런데도 나는 비밀스럽게 말하고 싶다. 모두와, 너와의 관계를 통해서 비밀스럽게. 그것이 새로운 바람이 되었다. 그 소망은 나를 놀랠 미래처럼 나에게 존재한다.

　나에게 가혹하게 굴지 말아라. 경솔함과 영향력이 너에게 힘을 가하길 원할 것이라 믿지 말아라. 모든 대답이 우리 사이에서 빠져나가는 건 당연하다. 나는 네가 대답하는 걸 원치 않는다. 아무 대답 없는 너의 침묵에 나는 복을 느낀다. 대답이란 것은 이미 오래전 우리가 떠나왔어야 했을 장소에나 적용되는 것이다. 이렇게 모든 대답이 흩어지면 나는 어떻게 너에게 말 걸 수 있을까?

　나는 다가가고 싶다. 정말로, 의도하지 않고, 아니 그것은 너에게 달린 것인가? 너의 참모습을 찾기 위해? 너 대신 밤새우기 위해? 나는 확신하지도 못하면서 우리 사이에 공간이 점점 벌어져 멀어지고 있음을 목도한다. 그것은 그저 공허에 불과하지만, 작은 파편이 점점 더 흩어져서 단 한 개의 추억에 품어 주기 더 어려워진다. 너는 모두에게서 그토록 먼, 저기 있는 무언가에 대항하여 싸우는 것처럼 보인다. 너무나도 고독하고 너무나도 부동적이며 너무나도 신중해서, 너의 불가해한 무게를 통해 보호하고 있는 우리 가벼움의 정신과 아무런 관계 없는 싸움. 너는 어째서 싸우며 어째서 거기에 있는가? 네 속의 고통일지도 모르는 이 떨림은 어째서 우리에겐 도취가 되는가? 이 작은 사유들이 분명 우리에겐 너무 가볍고 너에겐 그렇지 못해서일 것이다. 그래서 너는 망각도 기억도 주지 않는 그 작은 생각들의 달콤한 흩어짐이 고통스러운 것이다. 나는 너에게 무엇일까? 어떻게 하면 너에게 좀 더 수월한 순간이 되게 할 수 있을까? 무엇이 너에게까지 연장될 수 있을까? 무엇이 나에게 더 이상 중요하지 않을까? 그러니까 너는 고양된 공동의 말 속에 존재하는 우리 모두에게 단 하나의 현실인 죽음에 유일한 사유를 부여하기를 원하는가? 그 사유는 너와 그리고 그녀와 함께, 그에게 감미로운 평등을 줄 것이다. 나를 믿어라. 죽음은 넘쳐난다. 설사 공동의 죽음이라 할지라도, 우리 각자의 죽음에 의심만 생길 뿐이고 개별자로서의 나의 죽음에는 더 낭패다. 불확실성, 나를 동요하게 만들기엔 너무나 빈약한 불확실성에 나는 매우 잘 순응한다. 그리고 나와 관련 없는, 너무도 오래된 일을 소유하기를 애쓴다는 건 너무 애석한 일 아닐까? 함께할 때만이, 그는 매혹과 진리를 발산하고 거기서 우리는 모두 함께 그를 차지한다. 우리 사이에 흩어 놓았다가 그의 존재 속에서 다시 하나가 되게 하는 무심한 힘에 이끌려 우리 자신을 향해 가면서. 너는 공동의 죽음에 비견할 만한 무엇을 원하는가? 네가 알다시피, 네가 죽음을 내포하기엔 어렵다. 너에게 죽음을 양도하기 위해 그것을 규정하는 것만으로 내겐 충분하단 느낌을 받았다. 그럼에도 그녀는 네가 붙들고 있는, 그녀가 어렵게 도달한 그 경계들 때문에 거의 경멸당하며 내쳐졌다.

너는 나를 파고드는 이 불확실성을 가볍게 수용하는 내가 못마땅할 것이다. 나는 즐겁게 받아들일 수 있다. 하지만 너는 무엇을 원하는가? 우리는 크든 작든 확실성을 보증할 수 없다. 나는 의문에 둘러싸여 있다. 질문들은 모든 것을 가리킨다. 어떤 것들은 야만적인 엄격함으로 또 어떤 것들은 차갑게, 내가 점유하고 있는 중심을 향하여, 조심스럽게 원환 속에 나를 파묻으면서. 나는 거기에 아무도 없다는 것을 아는 단 한 사람이다. 나는 모든 것을 안다. 나는 모든 것을 안다. 너는 이 불확실성이 무지에 전혀 빚지지 않았다는 사실을 받아들이지 못하는가? 고요함조차 불확실한 것이다. 고요함 한가운데에서 우리 스스로의 가벼움으로 우리는 다시 태어난다. 우리의 부정성에 위임되었을지도 모르는 위대하고, 견고하며 파괴할 수 없는 질문. 그 질문을 배반해서는 안 된다.

여기에는 너의 빛이 빛나는 장소들이 존재한다. 너의 빛만이 빛나고, 너의 빛이 또 다른 너와 같은 빛을 비추는 그 장소들. 창문을 통해 흥미로운 사실을 자세히 알게 되리라. 하지만 나는 그러한 것들이 궁금하지 않다. 우리가 거기에 있다는 것을 아는 것만으로도 충분하기 때문에 내 궁금증은 방향을 돌릴 것이다. 그러므로 많은 존재는 줄곧 모든 방향에서 빛을 받는다. 그 어디에서도 오지 않고, 모든 이미지를 끌어당겼다가도 밀어내고, 가벼운 생각을 끌어당겼다 다시 밀어내는 그런 빛에 의해. 그 반짝임이 너와 관련된 것인지 나는 확신할 수 없다. 네가 빛나는 것이 아니라, 또 다른 날이 밝아 오지 않아도 어둠이 희어지는 그 경계를 붙들고 있는 것이라는 결론으로 기울어졌다. 단 한 지점을 제외하고, 명확한 경계가 생긴 빛의 구덩이 속에 내가 눕게 된다는 사실을 알고 있다. 기억해 보라. 두 눈은 감겨 있고 입 역시 굳게 닫혀 있다. 아마도 이 일은 방에서 일어났을 것이다. 나는 졸음이 가두고 있는 눈꺼풀 밑의 짙고, 부드럽고, 풍성한 어둠을 보았다. 꿈들은 언제나 눈꺼풀 뒤에서 다시 생성되고 있었나. 의심의 여지 없이 나 자신의 일부분은 이미 죽어 있는지도 모른다. 하지만 어둠은 여전히 살아 있다. 그것은 어쩌면 영원에 가까울 정도로 오랫동안 지속했다. 나는 어둠 곁에, 어쩌면 그 안에 머물지도 모른다. 나는 조급함 없이 기다렸다. 나는 가볍게 어둠이 색을 잃어 가는 것을 지켜보았다. 희어지면서, 그 어둠은 최후의 흰빛을 일으키기를 놓치지 않을 것이다. 최후의 날, 죽은 자들의 태양. 나는 어쩌면 그날의 그토록 하얀 빛 속으로 침잠해 들어가는 게 아닐까.

나는 정말 네가 그녀와 융합되었으면 좋겠다. 아니면 최소한 네가 그녀를 호명할 수 있으면 좋겠다. 또 네가 일어난 일과 아직 일어나지 않은 것 너머를 엿보는 자였으면 좋겠다. 너는 차츰 옅어져서 어느 순간, 착각이었음을 알아채도록 하는 어둠인가? 혹은 착각하도록 꾸몄다 포기하게 만드는 인내심일 뿐인가? 우리가 하늘이라고 부르는 것은 이 검은 점인가? 이 점은 끊임없이 후퇴하고 쇠약해진다. 내게 남겨진 것이라곤 내가 다다랐던 생생한 어둠뿐인가? 전혀 그렇지 않다. 그리고 너, 너는 그것을 남기기 위해 싸우는가 없애기 위해 싸우는가? 아니면 그 뒤에 따르는 명백함을 알리기 위해서인가? 이렇게나 분리된 사유로 인한 낯선, 낯선 고통.

그러므로 이 밤은 차가운 투명함일 뿐인가? 눈이 내리던 어느 날처럼. 그것은 부패함도 이질적인 시선도 없는 어둠을 계승한 어둠이 될 수 있을까?

알도록 해라. 나는 사물들이 연장되기를 바라지 않는다는 것을. 나는 그런 것들에 진력나지 않을뿐더러 오히려 피로하지도 않고, 피로함 속에 있는 고집도 없이 존재한다. 나는 분리 그 자체일 뿐인 너에게 매달려 있다. 네가 나에게 짊어지우는 것은 가벼운 무게일 뿐이다. 나는 네가 존재하지 않는다는 것을 알고 있다. 그래서 우리를 다시 결합하게 만들 그것은 저기에 존재한다. 꿈도 이미지도 없이, 낡은 책략을 연상시키는 운동을 통해 너에게 나를 결합시킬 위험도 거기에 있는 것이다. 텅 빈 빛을 잘라 내면서 네가 돌보는 그를 변질시켜서는 안 된다.

때때로, 나는 거대한 생각이고, 너는 생각하지 않으려는 욕망에 의해 만들어진 공격자란 생각이 든다. 하여간 너는 끊임없이 나와 대립한다.

왜 너는 내가 생각하는 것을 원하지 않는가? 그것은 무력함, 무관심, 맹목적인 욕망인가? 너는 이쪽에 나는 저쪽에 있는가? 우리는 둘 다 마찬가지로 심각하고 고독하며, 움직이지 않는 생각들 아닐까. 그래서 이 분리된 정체성은 동등한 균형을 유지하기 위해 그리고 섞여 들지 않도록 하나를 이질적인 다른 하나로 밀어 넣고 있는 것 아닐까? 다른 밤 속의 생각으로 존재하는 너는 다른 밤 속에 있는 나인가? 너는 말하고, 너는 대답하지 않는 침묵으로 답할 수밖에 없는 모든 질문을 던지는 단 한 명인가? 너는 내가 이미 지나친 오래전의 신중한 생각인가? 너는 아직도 거기 있을 것인가?

쓰디쓴, 씁쓸한 생각, 나는 네가 아직 오지 않은 그곳에 있을 것이다. 나는 생각이 되기를 거부하며 네가 대항하는 거대한 자아가, 그 속에선 네가 자리를 찾아내지 못하는 거대한 확실성이 될 것이다. 그래서 나는 너라는 존재를 특별히 따로 알지는 못한다. 이해하지 못할 것이나. 나는 이미 거기에 있는지, 너는 아직 오지 않았는지에 대한 질문은 종결되지 못하는 게 아닐까. 나는 그것이 우리 사이에 존재하는 아무것도 변화시키지 못할 것이라 믿는다. 이 의심 ──쓸쓸한, 쓸쓸한, 나는 그것을 인정한다 ──은 끝없이 우리를 매혹하는 가벼움의 형식일 뿐이다. 내가 너보다 언뜻 보아 가벼워 보인다면, 그것은 정말, 모든 짐으로부터 벗어났기 때문이 아니라 네가 계속해서 부과한 이 무게로 인하여 가벼워졌기 때문이다. 바로 너 자체인 거부와 망각의 무게.

우리 사이에 너를 호명해도 되는 내밀의 관계가 있는 한, 너는 그대로 머물러 있을 것이란 생각이 들었다. 그러나 이 모든 것에도 불구하고, 너는 나의 전진을 너무 믿어서는 안 된다. 나는 나에게서 네가 견딜 수 있는 것보다 더 큰 의심을 자각한다. 그렇다면 누가 말하는가? 너인가? 네 속에 있는 나인가? 우리 사이를 끝없이 돌아다니는 소리인가? 제각각 울려 퍼지는 소리의 반향이 우리를 이곳에서 저곳으로 이르게 하는 것인가? 아, 네가 전율할 때, 네가 소란함 앞에서 도망치려는 것처럼 보일 때면, 나는 그 동요를 되돌려 너를 그쪽으로 잡아당긴다.

불안해서는 안 된다. 우리를 갈라놓는 것은 어쨌든 매우 미세한 것인데, 고요의 순간이자, 공포스러운, 하지만 평온한 순간이다.

그저 손쉽게 네가 최후의 생각이라는 집착에 굴복하지 않을 것이다. 이 점을 주목해 보라. 그 사유로부터 벗어나려 할 때, 그 사유는 나를 붙잡고, 공간을 열고, 나에게 영원한 휴식을 주기 위해 그 공간을 열린 채로 유지한다. 그러지 않도록 해라. 만약 네가 사유의 종착지라면, 우리의 관계는 곧 견딜 수 없어질 것이다. 너의 현존에 고정된 무엇이 있다고 상상하는 것, 네가 숨기고 있는 날카로운 지점, 그리고 공허, 단호한 속박으로 네가 집중하는 공허, 너를 움직이지 못하게 만들고, 너를 하늘처럼 확실한 것으로 만드는 모든 것이 더 이상 변화를 일으키지 못하는 사유로부터 올 것이고, 너는 말하기를 거부하는 고통스러운 닫힘에 의해 뚫리고 찔림을 당한 채 너 스스로에게 하듯이 이 사유를 조심할 것이다.

네가 돌진하기를 원하는 광대한 사유 대신에 아주 작은 사유가 되는 것이 고통스러운가? 아주 작은 생각, 너는 나를 이렇게 기쁘게 한다. 어떠한 생각이든 간에 종말은 생각을 끝없이, 광대함에 이르기까지 울려 퍼지게 하는데, 그것은 정말이지 너의 가혹함이 환상처럼 반동할지도 모르는 미끄러짐을 통해서다. 이 광대함은 너에게 하찮고 보잘것없는 것으로 보이는, 너에게는 너무나도 부족한 광대함이지 않을까? 네가 지닌, 그리고 고통스러운 조임에 의해 너를 삼켜 버린 이 점의 시선으로 볼 때 말이다.

너는 왜 굴복하려 하지 않는가? 왜 너는 끊임없이 내가 보았을 얼굴과 같은 거대함을 여기 네가 있는 곳에 자리한 단순성으로 환원시키는가? 네가 나를 위한 존재인 것처럼 내가 너를 위해 존재하는 그 밤을 원하지 않는가? 그 밤에 너는 거기에 박힌 채, 분명 너 자신을 발 딛고 서 있을 것이다. 너의 질문에 답해라. 이 질문은 과연 너 스스로를 대답으로 삼는 질문인가? 우리는 서로가 서로에게 섞여들어 가야 한다. 너에게 종말인 것이 분명 나에게는 새로운 시작이 될 것이다. 행복을 통해 순환을 시도하고 싶지 않은가? 너는 나를 앞선다. 사랑스러운 기억, 발생하지 않은 것에 대한 기억. 너는 마치 희망처럼 나를 앞선다. 하지만 나는 네가 분명 만나야 할 사람이자, 거기서 다시 만날 존재다. 그것에 대해 생각해 보라. 극도의 사유에 그것을 덧붙여라.

 그것은 사실이다. 마치 지평 위에서 대면하게 만든 얼굴과 같은 너에게 나 역시 말 걸고 싶다. 보이지 않는 얼굴. 점점 더 보이지 않는 이 얼굴의 공간 그리고 고요만이 우리 사이에 존재한다. 그것은 마치 그 얼굴을 상기하고 가능한 한 가장 오래된 기억과 욕망을 소유하기 위해 죽음을 택하는 것과도 같은 일이다. 무엇인가를 기억하기 위해 죽을 수 있을까? 너는 내밀한 추억인가? 너를 내 앞에 서게 만들기 위해서는 말해야 하는가? 또 너 역시, 단 한 번만이라도 고요를 맞이하여 굳어 버린 가녀린 얼굴이 되고 싶다 하지 않았는가? 위대한 사유와 위대한 확실성에 의해 보일 궁극의 가능성.

 나는 우리를 둘로 만드는 것이 바로 이것이라 생각한다. 나는 너의 얼굴이자, 얼굴에서 보이는 것이다. 그리고 너는 다시 한번 나를 향한 얼굴이자, 사유가 된다. 하지만 그 사유의 모습은 얼굴이다. 밤에 보이고 싶은 욕망, 그것은 그 밤이 보이지 않고 지워지기 위함이다.

 하지만 내가 들은 비명은 내 속에서 들린 것인가? 아니면, 너의 속에서? **"영원한, 영원한, 우리가 불멸한다면 우리는 그 이전에 어떻게 존재했을까? 내일은 어떻게 존재할까?"**

 그는 언제나 기억함과 죽음이 동시에 발생하는 순간이 있다고 말한다. ─어쩌면 죽은 상태의─ 그것은 똑같은 운동일 것이다. 방향 잃은 순수한 추억. 거기서 모든 것은 추억으로 변한다. 그것은 죽는다 할지라도 기억을 마음대로 할 줄 아는 것만으로 충분히 거대한 권력이 된다. 하지만 그 힘은 사용할 수 없는 것이다. 그것은 스스로를 자각하기 위한 시도이고, 후퇴, 즉 망각 앞에서 뒷걸음질 치는 것이고, 추억하는 죽음 앞에서 물러나는 운동이다.

그렇다면 그녀는 무엇을 기억하는가? 그녀 자신, 추억으로서의 죽음 자체. 우리가 죽어 있는 거대한 추억.

우선 망각한다. 망각 속에서 전혀 추억할 수 없는 것을 추억한다. 망각한다는 것은 망각하듯이 모든 것을 기억하는 것. 여기엔 모든 기억이 넘쳐 흐르는 근원적으로 망각된 지점이 있다. 모든 것은 잊힌 무엇인가에서부터 시작된, 가장 낮은 곳의 미미한 것, 전혀 모르고 지나친 미세한 틈으로부터 시작된 기억으로부터 고조된다.

내가 그것을 잊을 수밖에 없는 것이라면, 너를 잊어버림으로써만 너를 기억해야만 하는 것이라면, 기억을 지닌 누군가는 근본적으로 자기 스스로를 잊게 되며 망각과 자기 자신을 구분할 수 없는 추억을 잊게 되는 것이 운명이라면, 그렇다, 이미 그리고 오래전부터, 그와 섞이고 그 자신을 은폐하는 이미지들과 뒤섞이지 않고서는 너에게 닿지 못한다고 느꼈다. 그러니 그것을 알아 두어라….

회상은 나 자체다. 하지만 나는 기다리고 그 추억을 향해 내려간다. 너에게로. 너와 먼 곳에 아무런 기억 없는 기억의 공간. 그것은 그저 거기서 나를 붙잡고 있었다. 그 기억 속에서 오랫동안 존재하길 멈췄었다. 마치 실존하지 않는 너처럼 사라지는 존재가 지닌 끈질긴 고요 속에서 너는 계속해서 나를 추억이 되게 하고 너를 떠올릴 수 있는 것을 찾는다. 서내한 추억 속에 우리는 얼굴을 맞댄 채 내게 속삭이는 탄식 소리에 사로잡혔다. **영원, 영원한 것들**이란 비명으로 점철되어, 우리 모두 얼굴을 맞댄 채 머무는 거대한 기억,

거기에 존재하지 않고 네가 나를 이끄는 차가운 빛의 공간, 그 공간에서 나는 너를 보지 않고도 확신한다. 증폭되지 못하는 것의 증폭, 헛된 것들의 헛된 기다림, 침묵, 침묵이 더할수록 더한 웅성거림으로 화한다. 침묵이란, 그토록 많은 소음을 양산해 내는 것이자 영원한 고요의 움직임이다. 거기에 있는 것은 우리가 가혹한 것이라 일컫는 영원의 마음인가? 그 영원의 마음을 누그러뜨리기 위해, 고요를, 훨씬 더 많은 고요를 돌려주기 위해, 그 마음이 중단되는 것을, 끈질기게 지속되는 것을 막기 위해 우리는 그를 살펴보아야 하는가? 나에게 가혹한 것은 결국 나인 것일까? 그것은 바로, 죽음과 당신들에게 죽은 것을 떠올리게 하는 무언가를 또 한번 기다리는 것이다.

    기다림, 한 얼굴의 기다림. 공간이 어떻게 이 기다림을 가져다줄 수 있는지 이상한 일이다. 더할 나위 없이 어두운 것이 한 얼굴을 보겠다는 큰 욕망을 가질 수 있는지가 이상하다. 저기엔 많은 얼굴이 있다. 몇몇은 매우 아름답고, 모두 확실한 아름다움을 지녔다. 어떤 이들은 복도에서 내가 생각한 것만큼 완벽하게 매혹적이다. 아마도 그들 스스로 고요와 침묵 속에서 근원적인 유혹을 감내함에 따른 아름다움일 것이다. 하지만 그것은 전혀 내가 원하는 것이 아니다. 아마 거기에는 많은 형상이 존재할 것이다. 그러나 내 눈에 보이는 것은 오로지 단 하나의 얼굴이다. 아름다움도, 우정도, 정직함도 아닌, 너라고 상상하는 것이자, 확실하게 너 자신이라 할 수 있는 얼굴이다. 누가 네 안에 있는지 나타나기를 거부함에 말미암아, 무거운 부동성으로 인해, 결코 회귀하지 않는 확실성으로 인해,

흐려짐을 허용하지 않는 투명성으로 인해. 하지만 그것은 지금 막 자기 모습을 드러내고 혼란스러워할 것이다.

때때로 서로 결합하고 있는 어떤 형상들은 특정한 얼굴을 스케치하려는 것처럼 보인다. 마치 그 얼굴을 현시하기 위해 서로가 서로를 영원히 고양시키는 것 같다. 각각의 얼굴은 다른 모든 사람에 대해 유일하기를 바라는 것 같다. 모든 형상은 각각에 대해 고유하기를 원하고, 다른 모든 이에게 각각 한 개별적인 얼굴로 존재하기를 원하기 때문이다. 공허는 결코 충만해질 수 없을 것이다. 이미지들의 영원한 열망, 우리를 일으켜 세우고, 밤의 혼돈 속으로 끊임없이 우리를 뒤섞어 놓는 오류. 이것들은 잃어버렸다가, 우리가 재회하는 기쁨의 약동 속에서 합쳐진다. 착각, 행복하다는 착각. 왜 그것에 저항하는가? 어째서 이 모든 형상은 나에게 변화를 가져다줄 수 없는가? 어째서 너는 한순간에 너를 가시화할 ―더 보이지 않게 하는?― 공간의 사유를 통해 나를 떼어 놓으려 하는가?

어쩌면 너는 예외이자, 꺼지지 않는 빛이 될지도 모른다. 아마도 너는 대지의 문들을 뛰어넘을지도 모른다. 밀려드는 파도에서 파도 속의 고요이자, 스스로 자신의 주위를 돌아보는 가벼운 감시자들인 우리를 고양되게 하는 고요의 전율 그 자체인 가벼운 떨림도 없이 말이다. 그럼에도 나는 너를 봐야 한다. 밤의 거대한 공간이 그를 대면할 이 얼굴 속으로 한순간에 사그라들 때까지 나는 너를 고통스럽게 해야 할지도 모른다. 너는 필연적으로 투명함을 포기하지 않을 것이기에, 그 이상으로 상상할 수 없는 끝자락에 이르기까지 너는 더 투명한 상태로 남아 있어야 한다. 보이는 데 급급한 나머지, 타자들이 그들의 행복에 있어 성급하게 잃어버린 것이 무엇인지 네 속에서 드러나게 말이다. 더럽혀진 너무나 아름다운 얼굴. 어떤 얼굴도 이 얼굴 같을 수 없다. 이 얼굴은 기대와 다다름 너머에서 홀연히 현시되는 궁극의 얼굴이다. 틀림없이 그것은 공허 그 자체의 얼굴이다. 그 얼굴을 간직하기 위해 너는 그 빈 공간에서 밤을 지새워야 한다. 왜냐하면 나는 그 얼굴을 변형시키기 위해 밤새우기 때문이다. 그래서 우리 모두는 함께 있지만 싸움을 벌이며, 멀어짐에 의해 가까운 관계가 되고, 우리의 공통된 모든 것 속에서도 이질적으로 존재한다. 그것은 네게 손대지 않아도 너를 만질 수 있는 현존이자, 네가 거리를 둔 채 나를 구속하는 것이다. 네게서 만들어진 그 거리는 나를 너에게서 떼어내 버린다. 그 거리는 빛 속의 구덩이이자, 내가 잠식될 빛이다. 얼굴, 기다림의 얼굴. 하지만 그 얼굴은 기대된 것을 빼앗긴 얼굴이자, 예측된 모든 것 속의 뜻밖의 일이 되고 어찌 될지 알 수 없는 확신과도 같은 것이다.

아, 우리가 함께 살았었던 것이 사실이라면,——그렇다면, 너라는 존재는 이미 하나의 생각이다——우리 사이를 흐르는 이 단어들이 우리로부터 온 무언가에 대해 말해 준다면, 나는 여전히 네 주위의 가볍고, 너를 보는 것에 만족할 줄 모르는, 공허한, 그럼에도 불구하고 가시적인 욕망, 너를 가시적인 존재로 변화시키고 천천히 그리고 아무도 모르게 너를 유혹하고자 하는 욕망이 아니었을까? 네가 더 이상 눈에 띄지 않는 점에서, 네 얼굴이 헐벗은 얼굴이 되며, 너의 입은 나를 겨눈 총구로 변화할 그 지점에서. 네가 나에게 이런 말을 할 순간이 오지는 못할 것이다. "당신이 죽을 때는,

저는 완전하게 보일 거란 생각이 들었어요. 가능한 한 더 선명하게. 그리고 제가 견딜 수 없을 정도까지." 낯선, 낯선 말. 네가 그것을 말한 것은 지금인가? 그는 지금 죽는 것일까? 그 안에서, 그의 곁에서 죽어 가는 것이 바로 너인가? 어쩌면 그는 다 죽지 않고 완전히 고요해지지도 않았고 완전히 이질적이지 못한 게 아닐까? 그는 훨씬 더 많은 욕망과 추억을 가져야 하는가? 극도의 세밀한, 그리고 점점 멀어져 가는 그 지점, 언제나 스스로 드러나고 그것을 통해 구속력을 가지고 천천히, 네가 망각 속에서 그를 끄집어내고 망각 속으로 다시 밀어 넣는 그 지점은 거기 있는가?

사유, 아주 작은 사유, 고요한 사유, 고통.

나중에 그는 자신이 어떻게 고요 속으로 들어왔는지 의아해했다. 자기 자신과는 그에 대해 말하는 것이란 불가능하다. 오로지 말들의 관계 속에서 자각하는 즐거움만이 있을 뿐이다. "나중에, 그는…"

옮긴이 해제

타자, 오로지 타자가 말하는 책

1. '그'를 만난 이야기

『최후의 인간』은 1957년 초판에서 1977년까지 무려 세 차례의 수정을 걸친 '레시'récit다. 이 작품은 블랑쇼가 소설 형식으로 쓴 마지막 작품이며, 이 이후로 줄거리를 파악할 수 있는 작품은 나오지 않는다. 『최후의 인간』은 블랑쇼의 작품 중 가장 많은 찬사를 받은 『죽음의 선고』(1948)에서 사용된 방식을 고수하고 있는데, '나', '그녀', '그', 이 세 인물이 만들어 내는 서사가 있는 1부와, 난해한 사유의 독백만이 흐르는 2부로 나뉜다. 특히 2부에서는 1부에서부터 서사의 전개를 빈번히 가로막았던 철학적 사유의 독백이 전면화되는데, 이는 모두 공동의 관계를 숙고하는 데 할애된다.

　『최후의 인간』은 온통 '그'에 대한 1인칭 화자의 사유로 가득 차 있다. 그가 죽어 가는 과정을 담은 이야기는 짧은 분량에도 불구하고 끊임없이 뻗어 가는 화자의 내적 서술 때문에 마치 시간이 정지된 것 같은 느낌을 준다. '나'는 현재 시점에서 그를 경험했던 과거를 회상하며 그의 존재에 관한 기록을 남기고자 한다.

이 책의 줄거리는 1인칭 화자의 파편화된 기억 속에 여기저기 흩어져 있다. '그'라는 인물은 멀리 바다가 보이는 폐쇄적인 요양원에 '나'보다 늦게 들어온 한 환자다. 얼마 후 화자가 산의 고지대에 머물렀다 다시 요양원으로 돌아왔을 때, 그는 중병에 걸려 죽어 가고 있었다.

그가 온 이후로 친밀한 사이를 유지했던 요양원 직원인 '그녀'와의 관계가 완전히 새롭게 변모된다. 그녀의 신경은 온통 죽어 가는 그에게 집중되어 있고 화자는 그 상황에 대해 질투에 가까운 감정을 느낀다. 그는 죽어 가는 병이 지니는 힘을 그녀에게 실현하고 있었다. 그의 흐릿하지만 항상 그녀를 바라보고 그녀를 자신에게 불러들이는 듯한 시선에 화자는 이질감과 불편함 그리고 역겨움을 느낀다.

그런데 화자인 '나'는 자신이 좋아하는 그녀 때문에 그에 대해 생각하다 그의 죽어 감을 사유하기에 이른다. 화자가 주목하는 것은 '죽음'이 아니라 '죽어 감'이다. 죽음이 한순간에 찾아오기 전까지, 우리는 삶도 죽음도 아닌 과정에 머물러 있어야 한다. 화자는 그를 직접적으로 대면했을 때보다 그의 죽어 가는 육체가 남겨 놓은 흔적을 통해 그의 존재와 죽음을 더욱 생생하게 느낀다. 화자는 호흡이 가쁜 그가 그녀의 도움을 받아 힘겹게 음식을 삼키는 것을 바라본다. 화자의 방은 바로 그의 옆방이었는데, 벽 하나를 사이에 두고 그가 늑대처럼 기침하는 소리와 복도를 소리도 없이 걷는 그의 발자국 이 모든 것이 그의 존재를 실감케 한다. 그리하여 '나'는 순수한 타자성의 영역인 '그'의 고통 속에 '함께' 놓인다. 그의 죽어 감을 목도하면서 그의 죽어 감의 과정이 곧 자신의 과정이 될 수 있으며, 그 누구도 대면해야 할 공동의 사건임을 깨닫는다. 그래서 '나', '그녀', '그'는 마치 구분되지 않는 한 덩어리처럼 공동의 존재로 각인된다.

2. 공간, 소음, 목소리

중성의 글쓰기와 '그'

'최후의 인간'은 블랑쇼가 중성의 글쓰기를 위해 설정한 '그'의 개념을 서사 속에서 형상화해 주는 인물이자, 작품 자체의 속성을 드러내는 인물이다. 『최후의 인간』에는 존재하면서도 존재하지 않는 사람에 대한 숙고가 담겨 있다. 여기에는 작품은 누군가의 이야기이면서도 그 누구의 이야기도 될 수 없는, 실재의 경계를 넘나드는 말뿐이라는 작가의 지론이 반영되어 있다. 블랑쇼는 작품 속에서 존재하면서도 존재하지 않는 자, 특정한 자의 모든 특권적인 발언의 무게를 해제하는 '중성'neutre의 글쓰기에 알맞은 인물을 모색했다. 그렇다면, 발화 주체의 특권을 내려놓음으로써 문학은 과연 무엇을 얻을 수 있을까? 어떤 사건, 인물의 특수성을 배제하면서 작가는 문학의 가능성을 열어 놓는다. 사건은 일어난 것일 뿐 아니라 다른 형태로 일어날 수도 있었던 것이 되고, 우리는 스스로에게 낯선 자가 될 수 있다. 블랑쇼는 우리 자신에게조차 주권을 실행할 수 없는 무력의 상태를 오히려 폐쇄된 '나'에서 타자로의 열림을 실현하는 문학적 본질이라고 생각한다.

그는 "낮은 목소리로 빠르게" "무한대로 뻗어 가는 것처럼 보이는 수많은 문장을" 말하는 자이며, 그 문장들은 "막연한 소음과 우주의 웅얼거림, 지각할 수 없는 별들의 노래와 함께" 흘러가는 것이었다(12쪽). 별들의 노래가 누군가의 대답을 원하거나 누군가를 위한 것이 아니듯이 그의 말은 누군가에 대한 정보를 담고 있지도 않다. 우리는 정체 없는 불분명한 '소리'를 내는 자 앞에서 모두 그의 소리 속에 놓이게 된다. 즉, '나'와 '그'는 무無라는 부재성을 사이에 두고 '우리'의 정신 속에서 결합한다.

최후의 인간인 '그'의 말은 일상적인 소통자로서 '나'가 아닌, 특정할 수 없는 막연한 보편 속의 개별자로서 듣는 것이다. 이는 공동의 정신과 결합한 현존재만이 들을 수 있는 것이다. 그것은 바로 '나' 혹은 '너'의 존재가 아닌 '우리'의 상태다. '우리'는 모든 개별자가 포함된 집합이면서도 그들 서로에게는 소통되지 않는 부재의 관계성이 존재한다. 블랑쇼는 전혀 다른 소통의 차원, 즉 '나'와 '내가 대상화하는 사물'이 존재하지 않는 소통을 구상한다. '그'의 존재는 무에 가까운 존재, 규정할 수 없는 존재가 된다. 무를 대면하는 '나'라는 존재는 대지와 원소들의 힘과 하늘과 같은 주체 너머의 대상으로 화한다. 즉, 『최후의 인간』의 '그'는 어떤 특정의 인물로 규정되기 어렵지만 누구라도 '그'의 공간에 기입될 수 있는 비인칭적 '탈-존재'ex-istence를 실현하고 있다. 탈존재의 목표는 코기

토 중심의 1인칭 자아의 주권을 해제하는 것을 넘어 자아 이상의 상태로 비약하는 공동의 관계에 이르는 것이다.

> 그의 시선하에, 얼굴도 이름도 없는 힘 속에서 우리가 사라지고 다시 나타나도록 내맡기고 싶은 유혹. 나는 이러한 힘을 강하게 느끼고 있었고 이 매력적인 힘을 따르고 우리의 자리를 차지하도록 강요당하는 이 낯설음의 기호들을 알게 되었는데, 우리는 이 낯설음에서 인간의 얼굴을 빌려 왔던 것이다. 아마도 그 낯설음은 그와 우리 사이에 존재하던 공간이었을 것이다. 그 공간은 나에게 마치 진리도 목적도 없는 존재, 모호한 존재지만, 생생하게 살아 있어서 언제나 우리에게 삶을 제공할 수 있고 오직 우리의 모습과 같은 모습으로 우리를 전혀 다른 존재들로 탈바꿈할 수 있는 능력을 지닌 존재들로 채워진 것처럼 보였다. (53쪽)

화자인 '나'는 개별자로서의 특이성을 포기한 채로 '그'의 시선 하에서 얼굴도 이름도 모를 어떤 모호한 존재로 내맡겨지기를 욕망한다. 화자의 욕망은 소멸의 욕망이다. '우리' 안으로 스며들기 위해서는 완결된 절대 자아의 포기가 선결되어야 한다. 닫힌 자아의 소멸은 '그'를 매개로 한 공동의 장에서 우리와 꼭 닮은 존재들이면서도 전혀 다른 타자들의 삶으로 개방될 수 있다. 타자 속에서 '나'의 존재는 자아로부터 자유로워지며 '너'로 채워진 '나'의 생각은 한계limite를 넘어 존재한다.

'그'의 목소리가 들리는 텍스트

블랑쇼의 작품을 읽고 우리는 타자성으로 가득 찬 자신과 마주하게 된다. 보장된 일상성의 파괴와 자아 해체의 경험은 독자에게도 요구되는 것이다. 우리에게 밀려드는 낯선 감정의 소용돌이는 블랑쇼의 서술 방식이 양산하는 효과다. 블랑쇼 사유의 토대가 되는 텍스트 『문학의 공간』에 언급된 일면을 보면, 작가의 글쓰기는 메시지를 전달하는 것이 아니라 멈추지 않고 말하는 '메아리'가 되게 하는 것이다. 즉, '말'parole이 아니라 말의 잔향인 '메아리'écho, '웅얼거림'murmure이 되게 하는 것이다. 블랑쇼는 '목소리'를 뚜렷한 메시지의 형태로 된 대상으로 표현하지 않았다. 그의 텍스트에서 목소리는 '웅얼거림' 혹은 '웅성거림'rumeur과 특별한 개념적 차이 없이 언급된다. 이 목소리는 청각적 효과를 지님과 동시에 의미로 확정할 수 없는, 의미화에 실패한 소리로 남는다. 이 내적 '웅얼거림'은 문자의 고정된 의미를 해체하여 미결정적인 상태를 경험하게 한다.

여기서 다시 '그'il의 문제가 대두된다. 우리는 웅얼거림으로 가득 찬 텍스트를 읽으면서 작가의 목소리가 아닌, '그'의 목소리를 듣는다. '그'는 작가와 독자 모두에게 공동의 타자로서 등장하는 독서 효과다. '그'의 존재는 중성의 효과로 만들어진 글쓰기의 미결정 상태 속에서 말하는 그림자다. '그'는 작가나 독자, 작품 속의 허구석인 인물과도 동일시되지 않는다. '그'는 비인칭적 언어의 움직임 가운데에 놓여 있다. '그'는 언어가 의미를 형성해 나가는 과정에서 드러나는 것이지, 특정한 의미로 환원되지는 않는다. 블랑쇼가 언뜻 '그'라는 인격적인 표현을 통해 설명하는 서술하는 목소리는 자기 동일성 바깥으로 독자를 인도한다. 블랑쇼는 그의 저작 『무한한 대화』에서 '그'에 관해 다음과 같이 표현했다.

> 서술상의 '그'는 부재하든 현존하든, 무엇인가를 결정하거나 박탈하고, 교체하는 것이다. 선형성, 지속성, 가독성과 같은 글쓰기의 계약조건들이 아니라, ─중성의 공간에서 들리는─ 음흉한 배덕, 자신의 이질성 속에 부당하게 침입한 타자를 나타낸다. 타자가 말한다.[1]

중성성을 표명하는 '그'의 목소리는 독자와 작가 그리고 텍스트를 분석하는 데 사용되는 여러 계약조건으로부터 자유롭다. 오히려 그 계약조건을 일탈하며 그로 인해 텍스트의 이질성과 대면하게 한다. 타자성의 환기는 누구도 예측하지 못한 '부당한 난입'으로 표현된다. 이것은 그 누구도 기대하지 않았을뿐더러 원치 않았던 것이기도 하다. 예상치 못한 내부의 침범자는 글쓰기와 독서에서 고양과 쾌감을 주기보다는 불쾌에 가까운 미감을 선사하는 것이기 때문이다. 중성의 공간에서 들려오는 '그'의 목소리는 다분히 무의식의 속성, 혹은 미처 병합하지 못한 자아의 나머지가 내는 목소리와도 같은 타자성의 현상이다. 글 쓰는 사람은 그가 원하든 원하지 않든 두 주체의 담론에 개입하는 대타자와도 같이, 비인칭의

---

[1] Maurice Blanchot, *L'Entretien infini*, Gallimard, 1969, p. 558.

'그'의 요구에 화답해야 한다. '그'는 우리가 서로 말할 때 일어나는 실체 없는 사건이며, 글쓰기 안에서 글쓰기를 왜곡하고 고립시키는 규정할 수 없는 효과로 존재하는 것이다. '그'는 인물에 침입하는 것이며, 소설가는 '나'라고 말하는 것을 포기하는 대신 다른 이들에게 이 힘을 양도하게 된다.[2] 즉, 제3의 인물이 대답하기를 강요하는 중성의 공간은 바로 특별하게 인격화personnalisé된 자아ego를 무화시키는 공간이다.

『최후의 인간』에 나타나는 공간과 소음은 독자로 하여금 어느 누구의 것도 아닌 누군가의 목소리에 내맡겨지게 하는 독서 효과로 나타난다. 방은 익명의 개별자들이 머무르는 공간으로, 단절을 표상한다. 요양원에서 개별자들은 공간과 일체가 되어 있다. 죽어가는 것은 그 방에 가구처럼 놓이는 부동의 상태에 놓이는 것이다. 이와 같은 단절은 각 방을 형성하는 '벽'을 통해 실행된다. 소음의 이미지들은 각자의 공간과 경계를 넘어서게 한다. 익명의 사람들이 내는 소음은 흐르는 것으로 액화되어 이리저리 부유하고 포착되지 않는다. 공동의 소음에 놓인 우리는 하나의 공동체에 속하게 된다. '나'로부터 발화된 말은 '우리'를 갈라놓고 고정시킨다. '나'라는 기호는 타자 앞에 헐벗은 채로 선 것처럼 대상화되는 위협을 겪는다. 하지만 주권을 잃어버린 웅성거림 속에서는 그러한 것을 염려할 필요가 없다. 고정된 장소 없이 끝없이 흘러가는 소음 속에 스며든 사아는 타자에게로 개방되는 관계 장의 증폭을 경험한다.

---

2 *Ibid.*, p. 559.

소음, 비명, 한숨 소리 등의 이미지들은 바깥으로 향하는 열린 공간의 반향이다. 이 반향들은 단일한 자아의 경계를 넘어 고립 속에서도 타자의 일부를 나누어 가지고, 타자에 영향받으며, 관계성 속에 참예하도록 한다. 소음 속에서는, 주체 중심의 절대 자아의 목소리가 들리지 않는다. 그저 공동의 울림 속에 함께 존재할 뿐이다.

3. 블랑쇼의 '공동체'와 '우리'의 문제

사실, 블랑쇼의 '공동체'communauté 개념은 그의 다른 문학 용어들과 마찬가지로, 저자가 개념 정의를 분명히 해놓은 바가 없다. 블랑쇼가 '공동체'라는 말을 직접적으로 쓴 것은 『밝힐 수 없는 공동체』에서다. 이는 1983년, 장-뤽 낭시가 『알레아』*Alea*지에 실은 「무위의 공동체」에 대한 화답으로, 여기에는 당시의 정치적 상황을 배제할 수 없는 사회적 맥락이 담겨 있다. 블랑쇼는 이 저작에서 '공동체의 불가능성'에 관해 이야기하며, 2차 세계대전 이후 코뮤니즘의 논리가 강요했던 연대성을 비판한다.[3] 블랑쇼는 공동체가 근원적으로 합일 불가능한 '타자성'을 드러내는 것이라고 말한다. 타자는 예기치 못한 순간에 초월적인 곳에서 출현하는 존재로, 코뮤니즘의 전제적인 공동체 안으로 포섭되지 않는다. 공동체를 구성할수록 그것이 불가능하다는 것만을 확인할 뿐이다. 이러한 의미에

3　Annelies Schulte Nordholt, *Maurice Blanchot: L'écriture comme expérience du dehors*, Libr. Droz, 1995.

서 블랑쇼의 공동체는 "이미 건립된 정치 질서를 시험하기 위한 작업"이기도 하다.[4]

블랑쇼의 공동체는 오히려 문학작품에서 '연인들의 공동체', '죽어 가는 자들의 공동체'[5]와 같이 정치적 함의보다 더 다양한 의미로 쓰인다. 블랑쇼 연구자 박규현은 블랑쇼의 공동체가 죽어 감의 글쓰기와 긴밀하게 연결됨을 지적했다. "증폭하는 익명의 말들은 소외와 부재를 긍정하는 문학 공동체를 가능케" 한다는 것이다.[6] 개별 작품인 『최후의 인간』에서 공동체의 문제를 논의한 연구자는 제레미 마조렐이다. 그는 이 작품이 "서술의 주권을 내려놓은 중성성neutralité"의 작품임을 밝혔다.[7] 텍스트 속에서의 "'나'가 '우리' 그리고 '당신-당신들'로 치환되는 문체style의 차원에서" 공동의 관계에 접근하고 있다.[8]

『최후의 인간』에서 공동체는 '나', '그녀', '그'가 '우리'의 관계를 만들어 가는 것으로 형상화되어 있다. '우리'가 된다는 것은 주체로서의 자아가 타자로 인해 균열과 고통을 기꺼이 감수하는 '바깥'dehors을 체험하는 과정이다. 타자는 나와 무한한 거리를 두며 존재하면서도 어느새 나의 삶에 들어와 일상적 평온을 파괴하는 위협

---

4 *Ibid.*, p. 231.
5 *Ibid.*
6 박규현, 「블랑쇼에게서 문학의 공간을 통해서 형성되는 공동체」, 『프랑스문화예술연구』 4, 2001, 62쪽.
7 Jérémie Majorel, *Maurice Blanchot, Herméneutique et déconstruction*, Honoré Champion, 2013, p. 227.
8 *Ibid.*, p. 228.

적인 존재다. 화자는 '그'의 존재에서 불안을 느끼고 동요한다. 최후의 인간은 자신을 대상화하려는 자의 이성적 능력을 앗아 가는 대신 동요하는 감정만을 안겨 주는 존재로 묘사되고 있다. '그'는 무엇이라 특정할 수 없는 자아의 경계 밖에 있는 사람이다. 자기 자신을 위한 말을 할 줄 모르며 더 넓고 일반적인 존재이자 '우리'라는 말로 표현되는 다수의 존재. '나'라는 자아가 물러난 자리에 들어온 그의 존재는 쉽게 허물어지지 않은 견고성과 유리의 날카로움을 지닌 '누군가'다.

『최후의 인간』에서 '우리'가 되는 과정은 결코 관념적이지 않다. 타자에 의해 와해되는 고통은 텍스트에서 종종 찢기는 육체의 감각으로 드러난다. 타자와 관계를 맺는다는 것은 무한히 먼 거리에 있는 타자를 내 쪽으로 '끌어당기는' 일이자, 덫을 놓고 산 채로 포획하며 얼굴을 가리고 있는 손을 후려치고 으스러뜨리는 일이다.

> 그것은 우정인가? 그는 내게 자신을 친구로 여겨 주고, 산 채로 잡아들이기 위한 덫처럼 유혹하는, 그를 향한 돌이 되어 달라고 부탁했던가? 그런데 나는 누구인가? (44쪽)

세계-내 존재로서 타자에게 대상이 된다는 것은 폭력적인 일이다. 그러한 타자와 공동의 관계가 된다는 것은 자아의 훼손이라는 폭력에 노출되는 것이다. 이러한 관점은 장-폴 사르트르의 타자 개념과 상통한다. "의식 개체들 사이의 본질은 공동존재Mitsein가 아니라 갈등conflit이다."[9] 블랑쇼가 그려 낸 타자의 현전으로 인한 헐벗은 자아의 두려움은 사르트르가 지적한 바와 전혀 다르지 않다. 거기서 블랑쇼는 한발 더 나아가 우리 모두 '바깥'에서 함께 존재하는 공동의 관계를 맺고 타자의 고통을 자기 안에 이식하는 데 이른다.

그렇다면 '바깥'에는 무엇이 있는가? 거기에는 타자의 숨겨진 '비천한 것'이 있다. 타자의 비천한 것들은 혼란스러운 영역, 기표화에 저항하는 영역에 있다. 그것은 타자와의 관계를 위해 사회적으로 구성해 놓은 모든 육체의 기호, 표정, 말투, 몸짓이 효력을 잃는 지점을 의미한다. 이는 다시 말해 인간의 한계지점이라 할 수 있는데, "불행, 아무도 고치지 못한 역겨운 상처, 매정한 사물, 흉측하고 더러운 것, 저속하고도 창피한 내습, 진부한 앙심"(84쪽) 등이다. 최후의 인간은 병이 깊어지면서 '교수'라는 별명에 어울리지 않게 쇠약한 육체로 인해 견디기 어려운 역겨움을 발산한다. 블랑쇼는 훨씬 더 낮은 곳으로 내려가 타자의 역겨운 것에 도달해야 한다고 말한다. 낮은 곳으로 내려가는 행위는 타자의 손 뒤에 숨은 얼굴을 보는 것이기도 하다. 얼굴을 가린 손은 이를테면 사회적 가면, 한 인간에게서 분열된 여러 개의 모습을 그럴듯하게 봉합하고 사회적 역할을 일정하게 수행할 수 있는 가면이다. 그 가면 뒤에는 두려움과 불안, 착란이 쏟아져 내리는 비천의 얼굴이 있다. 블랑쇼는 그 비천의 경험으로 내려가는 것만이 '우리'가 되는 길이라 여기고 있다. 그리하여 순수한 타자성의 영역인 '그'의 고통 속에 '함

---

9 Jean-Paul Sartre, *L'Être et le néant*, Gallimard, 1943, p. 502.

께' 놓인다. 그것이 블랑쇼 텍스트에서 보이는 '나'와 '그'와 '우리'의 관계다.

블랑쇼는 바깥이 진실적 차원이라고 생각했다. 자아 바깥의 실재를 맞닥뜨리자마자 우리는 기존의 지식, 관습이 전혀 통하지 않는 틈과 균열 앞에 서게 된다. 타자와의 관계 속에서도 역시 연대할 수 없는 무한한 거리와 차이, 소통의 부재만이 있음을 깨닫는다. 그러나 블랑쇼는 그 메울 수 없는 간극을 경험하는 것 자체가 비로소 '우리'의 관계를 가능하게 하는 것이라는 역설적인 논리를 편다. 왜냐하면, 그러한 경험 속에서 우리는 진실 속에 드러난 타자의 얼굴은 획일적인 동일성의 법칙에 따라 '나'의 욕망을 충족시킬 대상이 될 수 없다는 사실을 깨닫기 때문이다. 요컨대 블랑쇼가 최후의 인간에게서 드러내고자 하는 타자와의 관계성은 소통의 부재와 오해, 거리 속에서 함께 있는 것이며 그러한 관계에서 벗어날 수 없는 것이다.

모리스 블랑쇼 저작목록

『토마 알 수 없는 자』(*Thomas l'obscur*, Gallimard, 1941 초판, 1950 개정판).
『어떻게 문학이 가능한가?』(*Comment la littérature est-elle possible?*, José Corti, 1942).
『아미나다브』(*Aminadab*, Gallimard, 1942).
『헛발』(*Faux Pas*, Gallimard, 1943).
『지극히 높은 자』, 김예령 옮김, 그린비, 2019(*Le Très-Haut*, Gallimard, 1948).
『죽음의 선고』, 고재정 옮김, 그린비, 2011(*L'Arrêt de mort*, Gallimard, 1948).
『불의 몫』(*La Part du feu*, Gallimard, 1949).
『로트레아몽과 사드』(*Lautréamont et Sade*, Minuit, 1949, 1963 재판).
『원하던 순간에』(*Au moment voulu*, Gallimard, 1951).
『영원한 되풀이』(*Le ressassement éternel*, Minuit, 1951).
『나를 동반하지 않았던 자』(*Celui qui ne m'accompagnait pas*, Gallimard, 1953).
『문학의 공간』, 이달승 옮김, 그린비, 2010(*L'Espace littéraire*, Gallimard, 1955).
『최후의 인간』, 서지형 옮김, 그린비, 2022(*Le Dernier homme*, Gallimard, 1957).
『라스코의 짐승』(*La Bête de Lascaux*, G. L. M., 1958. Fata Morgana, 1982 재판).
『도래할 책』, 심세광 옮김, 그린비, 2011(*Le Livre à venir*, Gallimard, 1959).
『기다림 망각』, 박준상 옮김, 그린비, 2009(*L'Attente l'oubli*, Gallimard, 1962).
『무한한 대화』, 그린비 근간(*L'Entretien infini*, Gallimard, 1969).

『우정』, 그린비 근간(*L'Amitié*, Gallimard, 1971).

『낮의 광기』(*La Folie du jour*, Fata Morgana, 1973).

『저 너머로의 발걸음』, 박영옥 옮김, 그린비, 2019(*Le Pas au-delà*, Gallimard, 1973).

『카오스의 글쓰기』, 박준상 옮김, 그린비, 2012(*L'Écriture du désastre*, Gallimard, 1980).

『카프카에서 카프카로』, 이달승 옮김, 그린비, 2013(*De Kafka à Kafka*, Gallimard, 1981).

『이후에』(*Après coup*, Minuit, 1983. 『영원한 되풀이』*Le ressassement éternel* 재수록).

『베를린이라는 이름』(*Le Nom de Berlin*, Merve, 1983).

『밝힐 수 없는 공동체』, 박준상 옮김, 문학과지성사, 2005(*La Communauté inavouable*, Minuit, 1983).

『최후에 말해야 할 사람』(*Le Dernier à parler*, Fata Morgana, 1984).

『내가 상상하는 대로의 미셸 푸코』(*Michel Foucault tel que je l'imagine*, Fata Morgana, 1986).

『사드와 레티프 드 라 브르통』(*Sade et Restif de la Bretonne*, Complexe, 1986).

『로트레아몽에 대하여』(*Sur Lautréamont*, Complexe, 1987. 쥘리앙 그락Julien Gracq과 르 클레지오Le Clézio의 텍스트 포함).

『조에 부스케』(*Joë Bousquet*, Fata Morgana, 1987. 조에 부스케의 블랑쇼에 대한 텍스트 포함).

『다른 곳으로부터 온 어떤 목소리』(*Une voix venue d'ailleurs: sur les poèmes de Louis René des Forêts*, Ulysse Fin de Siècle, 1992).

『나의 죽음의 순간』(*L'Instant de ma mort*, Fata Morgana, 1994).

『의문에 부쳐진 지식인들』(*Les Intellectuels en question*, Fourbis, 1996).

『우정을 위하여』(*Pour l'amitié*, Fourbis, 1996).

『앙리 미쇼 또는 갇히기를 거부하기』(*Henri Michaux ou le refus de l'enfermement*, Farrango, 1999).

『정치평론 1958~1993』(*Écrits politiques 1958~1993*, Éditions Lignes & Manifestes, 2003).

『"토론지"의 문학 시평들: 1941년 4월~1944년 8월』(*Chroniques littéraires du Journal des débats: Avril 1941~août 1944*, Gallimard, 2007).

『정치평론 1953~1993』, 고재정 옮김, 그린비, 2009(*Écrits politiques: 1953~1993*, Gallimard, 2008).

지은이 모리스 블랑쇼 Maurice Blanchot, 1907~2003   젊은 시절 몇 년간 저널리스트로 활동한 것 이외에는 평생 모든 공식 활동으로부터 물러나 글쓰기에 전념했다. 작가이자 사상가로서 철학·문학비평·소설의 영역에서 방대한 양의 글을 남겼다. 문학의 영역에서는 말라르메를 전후로 하는 거의 모든 전위적 문학의 흐름에 대해 깊고 독창적인 성찰을 보여 주었고, 또한 후기에는 철학적 시론과 픽션의 경계를 뛰어넘는 독특한 스타일의 문학작품을 창조했다. 철학의 영역에서 그는 존재의 한계·부재에 대한 급진적 사유를 대변하고 있으며, 한 세대 이후의 여러 사상가들에게 큰 영향을 주는 동시에 그들과 적지 않은 점에서 여러 문제들을 공유했다. 주요 저서로 『토마 알 수 없는 자』, 『죽음의 선고』, 『원하던 순간에』, 『문학의 공간』, 『도래할 책』, 『무한한 대화』, 『우정』, 『저 너머로의 발걸음』, 『카오스의 글쓰기』, 『나의 죽음의 순간』 등이 있다.

옮긴이 서지형   서울대학교에서 2007년 마르그리트 뒤라스 연구로 석사학위를, 2018년 「모리스 블랑쇼와 탈주체의 글쓰기」로 박사학위를 마쳤다. 석사과정에서부터 프로이트, 라캉, 멜라니 클라인 등의 정신분석이론 연구를 꾸준히 이어 오고 있으며, 정신분석비평을 적용하여 예술가들의 삶을 분석한 『속마음을 들킨 위대한 예술가들』(2006)과 청소년 글쓰기를 위한 교육도서 『논술의 심장, 생각을 훔쳐라』(2007)를 출판하여 일찍부터 대중과 소통하는 작업을 시도했다. 현재 문학과 정신분석 관련 논문을 다수의 학술지에 실으며 서울대, 성신여대에서 현대 프랑스문학을, 가톨릭대학교 사회복지대학원에서 정신분석이론을 강의하고 있다.